和秋叶一起学

秋叶团队 —— 编著

时间管理

很简单

Easy!!

人 民 邮 电 出 版 社

北 京

图书在版编目（ＣＩＰ）数据

时间管理很简单 / 秋叶团队编著. -- 北京 ：人民
邮电出版社，2022.7
　ISBN 978-7-115-59116-6

　Ⅰ．①时… Ⅱ．①秋… Ⅲ．①时间－管理－通俗读物
Ⅳ．①C935-49

中国版本图书馆CIP数据核字(2022)第060032号

内 容 提 要

　　这是一本写给职场人士的时间管理书，书中直面多数人在时间管理方面遇到的障碍与问题，陈述了进行时间管理的好处，并用可复用的案例、可操作的方法，通俗易懂地讲述了实现高效时间管理的各种途径。可以说，擅长管理时间的人，会在无形中"多"出时间，比别人做更多想做的事。本书内容分为 5 章，分别介绍了如何制订计划、如何学会专注、如何提高效率、如何保持精力以及如何管理情绪。

　　本书案例丰富且易实践，语言通俗，适合大多数职场人士阅读。

　◆　编　著　秋叶团队
　　　责任编辑　贾鸿飞
　　　责任印制　王　郁　胡　南
　◆　人民邮电出版社出版发行　　北京市丰台区成寿寺路 11 号
　　　邮编　100164　　电子邮件　315@ptpress.com.cn
　　　网址　https://www.ptpress.com.cn
　　　大厂回族自治县聚鑫印刷有限责任公司印刷
　◆　开本：880×1230　1/32
　　　印张：4.75　　　　　　　　　2022 年 7 月第 1 版
　　　字数：54 千字　　　　　　　2022 年 7 月河北第 1 次印刷

定价：39.90 元

读者服务热线：(010)81055410　印装质量热线：(010)81055316
反盗版热线：(010)81055315
广告经营许可证：京东市监广登字 20170147 号

我们为什么要做**时间管理**？法国心理学家、畅销书《让你的时间多一倍》的作者法比安·奥利卡尔（Fabien Olicard）给出了一个很好的答案：**一旦管理好时间，你就可以拥有更多的时间去工作，也可以拥有更多的时间来享受生活，提升你的幸福感。**反之，如果管理不好自己的时间，我们的工作与生活就可能被拖入一片混乱之中，那些生活与工作中所谓的"人生追求"大多也只能沦为空谈了。

当然，现在很多人已经开始意识到时间管理的重要性，但是，大家在进行时间管理时依然存在很多困惑。

比如，生活节奏的加快总让人感觉力不从心——我们既要努力工作以获取用于满足消费需求的酬劳，又渴望享有充分的个人休闲生活。这时候，我们甚至会怀疑：自己真的还有时间去做时间管理吗？

另外，在当今这个信息爆炸的时代，新媒体，尤其是短视频媒体的兴起，使人们的娱乐方式更加多元化，但也使得人们的时间难以避免地被切割。"碎片化"这个词早已不再新鲜，想要保持专注，对于大部分人来说真的很难。而那些层出不穷的"新技术"，有些看似为我们打造了更便利、更高效的工作与学习环境，但实际上反而让我们陷入了低效的"泥潭"。

近两年移动办公的兴起，看上去为"打工人"提供了更为灵活的办公条件，但实际上，"走到哪里都可以工作"反而让工作与生活失去了边界，我们似乎时时刻刻都陷在"没完没了"的工作里——原来8个小时能够完成的工作，现在竟然可能需要耗费一整天。

而又有多少人被"自由职业"这个名字诱惑，却在脱离原有体系，成为真正的"自由职业者"之后才意识到，如果没有极强的自律意识，没有掌握时间管理的方法，哪里还有"自由"可言？更别说很多人在开启自由职业之前，还要先去学习一些新的技能，并以副业模式开始实践，尝试自己选择的新方向。可是，在还不能放弃主业的时候，大家会抱怨根本没有足够的时间提升自己的主业技术，更别提开启副业了！

长久以来，每当遇到在时间管理方面的问题时，很多人都会拿这句话来让自己坚定信念：

时间就像海绵里的水，只要愿意挤，总还是有的。

然而我们是否思考过，这句话所代表的传统的时间管理观念是否还适用于当下？观念是我们前进路上的指引，如果沿着一个错误的方向前行，恐怕我们付出再多努力也是徒劳。

因此，在跟大家分享更多关于时间管理的方法、技巧之前，我们希望传达给读者朋友们一个新的观念：

时间管理不是简单地指压缩执行某项工作的时间，它应该包括五大方面的内容，即制订符合自身情况的时间计划、提升专注力、提高效率、科学管理精力与学会情绪管理。

1. **制订时间计划。** 如果没有制订符合自身情况的计划，大家就容易在利用时间时找不到重点，或者遗忘事项，又或者缺乏目标导向，虽然看起来每天都很忙碌，但实际上耗费了大量时间在与目标毫无关联的事务上——这无疑是对时间的浪费。因此，想要做好时间管理，就离不开合理地制订时间计划。

2. **提升专注力。** 如果无法抵御各种诱惑、干扰，那么再优秀的计划也无法发挥效用。无法保持专注，也就是把自己随时暴露在"低效"的危险之下。由此可见，学会提升专注力，对做好时间管理也是非常必要的。

3. **提高效率。** 无论是为了投入自我增值的学习，还是为了腾出时间更好地陪伴家人，提高生活的幸福感，都要求我们"压缩"用于处理日常工作的时间。如果不能找到有效的方法提高工作效率，无论是想在职场中"突围"，还是想通过副业实现"斜杠人生"，都无从谈起。这样看来，全方位提高效率也是时间管理的重要内容。

4. **科学管理精力**。我们分析问题，绝不能只看一个角度。如果只能通过"榨干"自己的方式"压缩"工作时间，那么，终日高强度的疲劳战也不是长久之计。努力拼搏固然没错，但是仅靠意志力强撑着做一件事，对大多数人来说，都是难以坚持的。于是，我们在时间管理方法中，特别为读者引入了精力管理的概念和方法。

5. **学会情绪管理**。我们也不应该忽视情绪管理对提升时间管理水平的积极意义。我们的情绪本来就极易受外界各种变化的影响，特别是当我们产生负面情绪，或者产生一些冲动情绪，甚至在感到压力较大时，可能根本无法投入精力去执行前面所提到的事项，强制执行不仅会打乱自己的节奏，而且可能要花更多时间去调整心情。因此，要想真正提升时间管理水平，学会情绪管理、掌握平衡情绪的方法也是很有必要的。

上述五大方面相辅相成，其中任何一个方面的不足，都可能影响我们时间管理能力的提升，因而，在本书中，我们将分别从这 5 个方面给出详细的方法指引。

当然，大家也不必把时间管理想得太深奥。找到了正确的学习方向，就成功了一半！我们会在书中引用真实有趣的人物故事，通过一系列贴近日常的实例来为大家逐一解读时间管理的方法，所选择的实例侧重解决大家在日常情景中遇到的"高频问题"。因此，当你遇到时间管理上的困扰时，翻开本书，在目录部分浏览一番，便可找到与自己相似的情况，并找到对应的方法。这些方法已被证明行之有效。如此，你也许就会发现：时间管理其实很简单。

一个人的时间管理能力会影响他的自信、执行力以及对生活的掌控程度，这也就意味着，提升时间管理能力，一系列相关能力也会得到提升，人生目标得以实现的可能性也会提高。这样，你的人生也会迎来新的可能。

怎么样，是不是对本书愈加感兴趣了？

目录

▶ 第 1 章　制订计划，让你
　　　　　的 24 小时忙而
　　　　　不乱

ONE

你的时间计划为什么无效?

罗辑思维品牌的联合创始人兼 CEO 脱不花(真名李天田)一直是罗振宇的左膀右臂。当她休完产假投入工作后,大众好奇她如何平衡家庭与事业。这个问题最终由罗振宇回答了。他在某期综艺节目中这样说:"这有什么可平衡的呀? 摆在脱不花面前的,不过是一张时间表而已。"

罗振宇的话可谓一语中的! 也就是说,无论你是一个多么忙碌的人,遇到的任务有多么紧急,所要解决的事务有多么杂乱无章,都能通过制订合理的时间计划来解决。

然而,时间计划这个简单的名词却被许多人误解或忽略,他们往往在一开始将时间计划视为"神器",试图用其一劳永逸地解决时间不够用的问题,一旦发现没有达到期望的效果,又容易将其视为无用的工具,再也不碰。

其实,不是时间计划无用,而是我们并没有学会制订符合自己实际情况的时间计划。就像上学时"学霸"手中的考试"通关宝典"——我们知道它的存在,人家也无私地分享了,但我们就是考不出同样的高分,只好说一句:

"这玩意儿根本没用。"

制订符合自己实际情况的时间计划，简单来说就是因人而异、因地制宜。

第一，制订时间计划需要因人而异。

每个人的生活与工作状态都不一样，自律能力与专注力的差异也是客观存在的，时间计划也就不能一概而论。有的时间计划看似十分完美，但对于没有经历过同样快节奏、高强度的时间安排的人，过于密集的时间计划只能徒增他的挫败感，让他对时间管理失去信心。

第二，制订时间计划需要因地制宜。

不能指望用一份时间计划解决所有的问题，针对不同的场景、不同的任务状态应该换用不一样的时间计划。比如在工作中，很多人都用过"月度工作计划追踪表"与"备忘录"，前者关注月度工作整体进度，后者更适用于日程提醒。有时候，我们还需要把两个表结合起来同时使用。

因此，我们想要制订合理的时间计划，最好不要全盘复制他人的时间计划，而应在全面了解多种时间计划方法后，充分分析自己的实际情况，继而制订出最适合自己的时间计划。

1.1 时间日志法：了解单位时间产出，计划更易执行

我们是否思考过，为什么我们的时间计划总是看上去完美，实践起来却处处碰壁呢？为什么有的人在时间计划中列了密密麻麻的任务却能逐一完成，而有的人就算每天只列两三项任务也会执行困难呢？执行困难有一个很重要的原因，就是忽略了制订计划的基础，也就是在制订计划以前，没有评估过自己的单位时间产出。

这样制订出来的时间计划，就像穿着不合脚的鞋，必然给使用者带来阻碍。

如何评估单位时间产出呢？写时间日志是一个不错的办法，所谓时间日志，是指通过记录一段时间的每日时间利用情况，了解自己在特定的时间单位内可以完成哪些事情，从而为制订时间计划打下良好的基础。

知识"网红"秋叶大叔是秋叶品牌的创始人，他旗下的新媒体矩阵覆盖全网主流平台，每日需要做大量的工作。在这样的情形下，他还能兼顾给学生上课、演讲、管理公司，居然还能一年出几本书，他就像装上了电动马达，时间利用效率是普通人的好几倍。

秋叶大叔曾经向人们介绍他合理制订时间计划的经验，很多人也觉得这样的计划非常合理，但是由于自己的单位时间产出与秋叶大叔并不一样，所以他们的计划实施起来效果往往不尽如人意。

秋叶大叔对自己的单位时间产出评估精准到了每个项目的细节。以利用碎片时间写作为例，他在所著的书中曾经详细示范过如何写时间日志。

1～3分钟：记录一个写作灵感；搜集一个写作素材或一幅配图；编一个金句；想一个好标题。

3～5分钟：和相关同事对话，搜索需要的资料；快速构思一篇文章的大纲；完成一篇少图文章的排版。

5～10分钟：完成一段话的写作；完成一篇多图文章的排版。

10～15分钟：完成一篇600字左右文章的写作。

15～30分钟：完成一篇难度不大的1 000～1 500字文章的写作。

30～60分钟：完成一篇1 500～2 500字文章的写作。

秋叶大叔经常审视自己的单位时间产出，久而久之就养成了习惯。因此，比起没有这个习惯的人，他对时间的流逝更加敏感，对时间的支配能力更强，从而能够完成任务更密集的时间计划。

1. 写时间日志的4个步骤

第一，明确一天的任务，把计划要做的事情一一罗列出来。

第二，预测完成每项任务需要的时长。

第三，每完成一项任务，就记录实际所花的时间。

第四，一天结束后，及时分析总结。这一步很关键，它可以不断纠正我们对时间利用状况的认知偏差。

当然，时间日志看似简单，要让它更好地发挥评估单位时间产出的作用，还需要在记录过程中遵循"时间 - 事件记录三原则"。

2. 时间 - 事件记录三原则

"时间 - 事件记录三原则"指的是在写时间日志时，我们不仅要做到将时间与具体完成的事项一一对应，同时应遵循客观、及时与持续 3 项基本原则。

客观。时间日志重在记录事件本身，并尽可能对客观事件进行具体的描述。比如，乘坐 30 分钟地铁通勤；用 50 分钟与同事一边聊天一边共进午餐。描述事件时不需要进行过多的修饰，毕竟只有客观的分析才能帮助我们了解自己的时间漏洞。

及时。为避免遗忘，在一开始练习写时间日志时最好能够在每一件事情完成后就马上抽时间简单记录时间和事件的重要信息，或者在中午或傍晚均抽出时间进行一次记录。如果在上述时间较难做到，那么至少应在每天晚上进行回顾并记录，不要拖延到第二天，否则记忆就容易变得非常模糊并出错了。

持续。对于刚开始尝试写时间日志的人而言，唯有坚持一段时间，才能观察到同样的事情在不同的时间进行会有什么区别，以及在不同的时间单位内自己可以完成哪些事情，从而通过这个过程慢慢地了解并熟悉自己的单位时间产出。当对自己的单位时间产出足够了解后，有的人不用每天记录，甚至不需要写时间日志，也能制订符合自己情况的时间计划。

写时间日志也是一个一举两得的过程，因为我们先要有规划，再通过记录实际完成的时间来了解时间的利用情况。这个过程不仅是在梳理单位时间产出，也是在学习制订计划。一段时间后，你会发现自己慢慢变得有计划性了。

1.2　待办事项清单：避免遗忘事项的必备"神器"

"90 后"青年作家李柘远高三时被耶鲁大学录取并获 4 年全额奖学金，以优异的成绩从耶鲁大学毕业后，进入高盛集团工作。后来他放弃令人羡慕的高薪工作，摸索创业，同时考入哈佛商学院继续求学，并获得工商管理硕士学位。

他曾在自己的书中推荐时间管理方法，其中排在优先位置的是待办事项清单。

在高盛集团工作的两年里，他认为自己能完成别人也许要四五年才能搞定的工作量，一个主要原因是使用了一个很重要的工具，就是看似简单的待办事项清单。

他是较早将待办事项清单分享给公众的人之一，很多人表示从他介绍待办事项清单的微博中受益匪浅。

待办事项清单也叫 To-Do List（任务清单），简单来说就是将待完成的事项写下来，然后逐一完成，每完成一个事项，便在清单上将该事项划去，表示"已完成"。

待办事项清单大致分为以下 3 种类型，可以满足不同人士的不同需求。

1. 入门基础型

下表是最基本的待办事项清单，由序号、具体事项和完成状态 3 部分组成，填写非常方便。

序号	具体事项	完成状态
1	参加项目研讨会	√
2	给合作客户打电话确认合同	√
3	中午到瑜伽馆练瑜伽	
4	在网上买猫粮	
5	15:00 前提交年终总结报告	
6	整理项目会议纪要并发送给相关领导及同事	
7	完成当日业绩追踪报表	
8	参加公司安排的员工在线培训	
9	到超市购物	
10	网课学习	

填写入门基础型待办事项清单时主要有以下 3 个注意事项。

（1）有所取舍

由于这类待办事项清单没有区分事项的优先级，因此在一般情况下，填在入门基础型待办事项清单上的任务应该是重要事项，琐事就不要填在这张清单上了。

因为当一天结束，绝大部分事项都被打上钩时，我们会产生一种满足感，但如果每一天出现在清单上的是大量的"未完成"，很多人会因此变得信心全无，彻底放弃执行待办事项清单。

（2）避免遗忘

填写入门基础型待办事项清单时不需要花费精力区分事项的属性，大到参加项目研讨会，小到购买猫粮，我们可以列出工作与生活中当天需要完成的重要事项，关键在于确保不会遗忘。

（3）按照顺序

虽然入门基础型待办事项清单可以不限定每一事项完成的具体时间，但还是应该按照时间顺序来规划事项的排序，这样能够帮助我们更加有序地执行，比如到超市购物与网课学习这类事情，通常会安排在一日工作之后进行。

2. 分级规划型

与入门基础型待办事项清单不同，分级规划型待办事项清单需要我们将任务按照优先级划分为高、中、低 3 个级别，这样我们可以更加精准地分配时间，优先关注最重要的任务。

已经习惯使用待办事项清单的人，就可以不限于使用入门基础型待办事项清单，还可以尝试使用分级规划型待办事项清单，后者会让我们在繁忙时不至于遗忘最重要的事项。下表所示就是一张分级规划型清单。

优先级	截止时间	具体事项	完成状态
高	10:00	参加项目研讨会	
	12:00	给合作客户打电话确认合同	
中	15:00	提交年终总结	
	15:30	整理项目会议纪要并发送给相关领导及同事	
	17:00	完成当日业绩追踪报表	
	17:00—18:00	参加公司安排的员工在线培训	
	21:00—22:00	网课学习	
低	13:00—14:00	到瑜伽馆练瑜伽	
	19:30—20:30	到超市购物，在网上买猫粮	

如表中所示，参加项目研讨会与给客户打电话确认合同被列为优先级较高的任务，这就提示我们要特别关注、尽早着手，或预留充分的时间，而不是临近截止时间才急忙进行。

3.　分类规划型

如果完成任务需要切换不同的场景，没有进行分类会让大脑感觉凌乱，丢三落四就在所难免，而分类规划型待办事项清单就可以解决这个问题，它能帮助我们区分待办事项的类别属性。

与前两类待办事项清单相比，分类规划型待办事项清单还有一个优势，就是能让我们了解时间的分配情况，从而及时调整，平衡自己的工作与生活。

还是以一日为例，我们可以将自己的待办事项划分为工作、学习、社交、生活等类别。

下表所示的内容就让人一目了然，如果我们感觉工作与学习任务安排得比较满，那么就可以多分配一些时间给社交与生活，比如下班后与同学聚餐，但不可逗留过长时间，因为晚上还有到超市购物及网课学习的计划。最后，不要忘了与家人互道晚安，送走美好的一天。

工作		
任务描述	时间	当前状态
参加项目研讨会	10:00	已完成
给合作客户打电话确认合同	12:00	
提交年终总结报告	15:00前	

学习		
任务描述	时间	当前状态
参加公司安排的在线培训	17:00—18:00	
网课学习	21:00—22:00	

社交		
任务描述	时间	当前状态
在咖啡时间参加同学聚餐	6:30—7:30	

生活		
任务描述	时间	当前状态
午间瑜伽	13:00—13:40	已完成
超市购物，上网买猫粮	19:30—20:30	
给妈妈打电话道晚安	23:00	

一张张待办事项清单仿佛是我们的生活剪影，又如同一篇篇简洁的日记，记载着当时的紧张忙碌与生趣盎然，

具有别样的意义。难怪有的人会一直保存自己记录待办事项清单的笔记本，舍不得扔掉。

待办事项清单看似简单，却能够帮助我们有效地避免在执行时间计划的过程中因疏忽而遗漏。

我们总是认为成功一定有什么秘诀，但是真理往往是朴素的，日复一日地做正确的事情，就能收获时间带来的力量。

1.3　3 项优先原则：不被任务追赶，在千头万绪中找到重中之重

在介绍待办事项清单时，我们提到了分级规划型待办事项清单应该区分事项的优先级。事实上，区分优先级是时间管理中特别重要的能力，小到每日事务的排序，大到长期目标的规划，我们都应该学会明确优先级。比如以下这个职场中常见的案例。

年关将至，你接到了部门领导交给你的两项任务，一项是帮领导准备年终的述职报告 PPT，三天后要上交；另一项是统筹安排部门员工的年终团建活动，两天后就要确

定方案。

你在心里埋怨：领导到底懂不懂得时间管理，为什么重要的任务总是来得如此仓促呢？没办法，这样的事情对职场人来说屡见不鲜。

两件事情都不能不做，有的人可能会认为，安排部门员工的年终团建活动的截止日期更靠前，更加紧急，应该先完成。

但优先处理员工年终团建活动会出现什么问题呢？年终团建活动关系到部门所有同事的感受，琐事太多了，从第一天开始就不断有人跑过来给你提建议。众口难调，活动方案始终得不到大多数人的认同。好不容易活动方案定下来了，又要开始张罗聚餐事宜，你不得不多打几个电话了解各个餐馆的菜单和价格。

两天下来，你几乎把时间都用在处理日常琐事上，根本不可能静下心来做PPT。第三天，期限已至，PPT只能草草了事。

这就是人们在时间管理上常犯的错误——仅根据事件

的紧急程度来区分优先级，这会让自己时刻处于一种被任务追赶的被动状态中。那么，如何在千头万绪之中正确区分优先级呢？可以遵循以下 3 项原则。

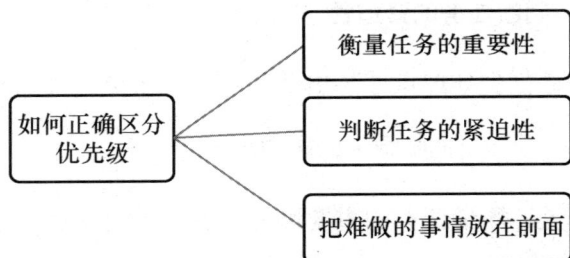

```
                          ┌─────────────────────┐
                          │   衡量任务的重要性    │
                          └─────────────────────┘
┌───────────┐             ┌─────────────────────┐
│ 如何正确区分 │────────────│   判断任务的紧迫性    │
│   优先级   │             └─────────────────────┘
└───────────┘             ┌─────────────────────┐
                          │  把难做的事情放在前面  │
                          └─────────────────────┘
```

1. 衡量任务的重要性

无论你是自由职业者还是每日"打卡"的上班族，都应该给每一项任务标注一个价值，这个价值不是具体的数字，而是有助于你实现目标的程度，以此来衡量这项任务的重要性。

此处还是用上面那个案例进行说明。通常情况下，帮领导准备年终述职报告 PPT 这件事情直接关系到领导的利益，评价标准比较简单，所以它的职场价值高于组织一次员工年终团建活动，职场人应该安排更多的时间，让自己在精力最充沛的时候去完成这个任务。

时间充裕时再考虑员工年终团建活动方案的亮点；如果没有足够的时间，则不妨沿用过去的方案，只对局部做力所能及的调整。

2. 判断任务的紧迫性

我们优先处理重要的事情，是为了避免被其逼到紧迫的境地，让自己面临很大的压力。

但是，衡量任务的重要性并不意味着完全放弃对任务紧迫性的考量，有些任务并非当下最重要的，却是必须完成且时限将至的，那么我们也要提高这些任务的优先级，以确保在截止日期前完成为首要原则。

这种情形通常表现为突发性的任务，如领导突然指派你去接待重要客户，或者要求你临时整理一张重要的数据表格。

面对突发任务，最好的解决方案就是快速行动，我们不要要求自己在很短的时间内达到最佳状态，只要满足基本的要求，完成就好。一旦我们因为追求完美或焦虑情绪产生拖延，就会有一种总被任务追着跑的感觉，这反而会让所有的工作都陷入忙乱。

3. 把难做的事情放在前面

如果计划表中的几项任务之间并没有明显的价值性与紧迫性的差异，又应该如何排序呢？

我会建议你将觉得困难的事情放在前面。根据美国心理学家大卫·普雷马克（David Premack）提出的普雷马克原理（Premack's Principle），大多数人会在潜意识中逃避困难的事情，很多拖延恰恰是这样的潜意识造成的。

总是优先完成困难的任务，能对人的心理形成一种强化刺激，让我们在解决多数棘手问题时更加自信，从而慢慢克服拖延，久而久之，工作效率也会更高。

1.4　剥洋葱法：将任务化繁为简，让自己更从容

你有没有发现，遇到某些工作量较大、耗时较长的任务时，我们很容易下意识地逃避，迟迟不想行动；又或者高估自己的工作效率，把握不好节奏，导致拖延。

其实，合理制订时间计划能帮助我们将任务化繁为简。当我们接到一项工作任务时，对复杂的内容进行拆分，把握好每一部分的时间进度，一般都能按时完成任务并确保质量。

如何将任务化繁为简呢？我们可以将大目标分解成一个个小目标，再把每一个小目标分解成若干个更小的目标，直至分解到最后一步，剩下的就是去行动了。这样层层递进，逐渐实现目标的过程与层层剥开洋葱的过程很相似，因此这种方法被称为"剥洋葱法"。

剥洋葱法的思维方式可以用于多种任务场景，下文重点介绍两种，分别是遇到困难任务时如何掌控任务进度、任务过程中需要收集灵感时如何利用碎片时间来完成。

1. 掌控进度，逐层攻破困难任务

当遇到一项看似困难的任务时，我们仅在时间计划中确定一个最终的截止时间并不实际。一方面，这样的计划无助于减轻心理上的压力，一旦遇到阻力我们就容易因畏难情绪而拖延；另一方面，这样的计划缺乏对工作进

度的掌控，我们难以确保在截止时间之前实现最终目标。

作家小川叔写了多本畅销书，同时兼任多家知名媒体的专栏作家，曾在 2016 年被当当网评为年度影响力正能量作家。小川叔在自己的书中分享过自己写书的方法。

尽管写作对他来说不是一件困难的事，但是完成一本书的创作依然十分辛苦，需要投入较长的时间与足够的耐心，没有一定的自律性与计划性也无法顺利完成，而小川叔的方法就是利用电子表格来写作。

比如，他会给自己某个阶段的写作任务预估一个大致的字数，并将总的字数分解为每一天的写作目标，这样，一个基本的电子表格写作模板就完成了。有颜色的部分代表已完成，没有颜色的部分代表还没开始写，他能随时看到目标字数与实际完成字数的差距，因而能够很好地掌控任务进度。

下图所示的这种用表格分解任务的方法其实就利用了剥洋葱法的思维，为一项复杂的任务设定分层级的目标，从而降低难度、树立信心、分段冲刺、逐一攻破。

	写作任务	目标分解（单位：字）	完成时间	实际完成（单位：字）	差距	完成进度
1	书评	3500	×月×日	3600	0	100.0%
2	影评	2800	×月×日	0	2800	0%
3	主题3	2600	×月×日	0	2600	0%
4	主题4	5300	×月×日	0	5300	0%
5	……					
6						
7						
8						
	总体进度	14200	×月×日	3500		24.6%

2. 收集灵感，分别突破执行与构思

有时候，我们的工作既需要有相对完整的时间去具体执行，又需要耗费大量的时间去构思创意，如果把这类工作中用于执行的时间与用于创意思考的时间加在一起，往往就显得耗时太多，工作效率就显得不高了。特别是，构思创意还要依靠灵感，但灵感未必总能来得那么及时。

所以，从事创意类工作的人，总给人一种工作效率低、毫无计划性的感觉。这么说可能有些抽象，但如果拿以写作为核心工作内容的媒体工作者举例，你就会明白了。

李欣频在媒体人当中具有很高的知名度，她也是一位多面手，经常把日常工作安排得很满，一边设计创意广告

文案，一边巡回授课。在非常紧凑的日程中，她还有时间写书，而且有时甚至同时创作两本以上的图书内容。

她是怎么安排时间的呢？毕竟她的每一项工作都离不开创意构思、收集灵感。

李欣频的方法，正是将创意构思、收集灵感的过程与具体执行手头工作的过程分开，分别进行突破，最后化零为整。这样既节省了时间，也可以在很大程度上避免呆坐一天却因为缺乏灵感而手头工作毫无进展的情况发生。

通过她的故事我们了解到，当李欣频同时展开 7 本书的写作计划时，她会在书房放 7 个空箱子，白天产生的任何巧妙的想法和有创意的文字，她都会随手记在自己的活页记事本上，等到晚上再将那些随手记录的内容分别放进相应主题的箱子中。当某个箱子已经被装满，且自己暂时又没有其他有关这个主题的新想法产生时，李欣频就会把那个箱子放到书桌上，再花上一两个星期的时间把箱子里的零散内容整理一番，着手进行书稿的写作。

这也利用了剥洋葱法的思维。

1.5 由远及近法：让时间计划为最终目标服务

我们学习制订时间计划是为了让时间得到有序的利用，不让自己陷入漫无目的的忙乱之中。

从长远来看，最终目标都是尽可能地实现自己的理想人生。有些目标无法一蹴而就，就需要我们"由远及近"系统地进行规划，甚至在最终目标的实现受制于当前的现实环境时，还可能需要采取另辟蹊径、迂回取胜的策略。

一些在事业上获得了较大成功的人，为了实现最终目标，特别是实现那些难度较大的目标，会制订一个长期计划作为行动的指南，他们为了在奔赴最终目标的漫长过程中坚持到底，还会为自己制订中期计划和一系列短期计划。他们会让自己的短期计划、中期计划与长期计划紧密联系，这才是成功实现最终目标的方法。

世界著名的建筑师安藤忠雄，18 岁时因为家庭经济困难无法继续升学，但他内心却从未放弃成为一名建筑师的梦想。

为了实现自己的梦想，安藤忠雄的做法大大出乎人们的意料——他成了一名拳击手，一名优秀的拳击手是可以获得较高收入的。但是，也许你会感到困惑：如果他只是一心一意打好拳赛，也就不会有后来的建筑大师了吧。

是的，在很多人眼里，他自从投入职业拳击手的工作，就摒弃了一切杂念，即使收入不断增多，他也尽可能减少自己生活中的各项支出，除了拳击运动装备，几乎不再添置其他物品。经过努力，安藤忠雄最终成了一名可以参加国际比赛的选手，并靠着参加比赛攒下的积蓄，开启了一段拓展见识的游历——他的第一站便选择了法国的朗香教堂（La Chapelle de Ronchamp）——现代主义建筑大师勒·柯布西耶（Le Corbusier）的代表作。

自那以后，安藤忠雄真正走上了自己梦想的建筑师之路。他潜心求学，终成世界瞩目的建筑师。

这个故事告诉我们，有时候为了实现最终目标，我们可能要经历很长的时间。但无论如何，如果只制订长期计划而没有通过短期计划去落实，目标就显得不切实际；如果只关注短期安排而缺少长远的规划，则可能让自己忙于眼前的事务而迷失了方向。

在日常的忙碌中，时常抬头梳理长期计划与短期计划是十分有必要的。这里的长期计划指的是针对每季度、每年甚至更长时间制订的计划，短期计划则是指针对每小时、每天、每周或每月制订的计划。

我们在同系列图书中的《高效阅读很简单》一书中曾说过，阅读习惯的培养十分重要，所以在这里就以大家经常谈论的培养阅读习惯为例，介绍一下如何"由远及近"地制订年计划、月计划和周计划，让时间计划为最终目标服务。

1. 年计划，侧重宏观思考

一年的时间，有的人在浑浑噩噩中度过，有的人却可以实现一个阶段性目标，从而迈向人生的新台阶，因此我们应该在明确自己要实现的目标的基础上，制订一个指引全盘行动的年计划。

年计划不能像日程表一样事无巨细地列出所有的行动

步骤，而应侧重宏观上的思考。

年计划只需要包括目标、策略、资源、障碍 4 个方面就足够了。目标指的是未来一年期望获得的成果；策略指的是关键的行动方向；资源是指现有的条件或可以获得的支持；障碍指的则是过程中可能遇到的困难，如下图所示。

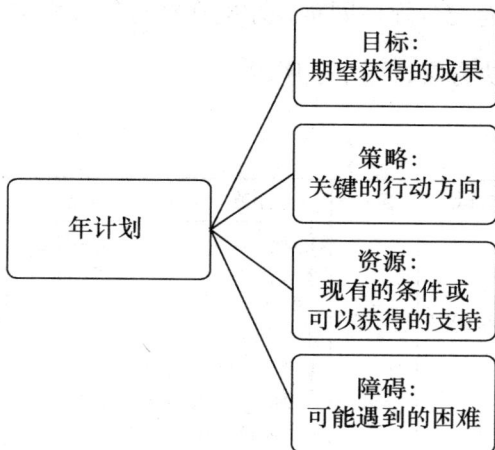

```
                    ┌─────────────────┐
                    │     目标：       │
                ┌──▶│  期望获得的成果  │
                │   └─────────────────┘
                │   ┌─────────────────┐
                │   │     策略：       │
                ├──▶│  关键的行动方向  │
┌─────────┐     │   └─────────────────┘
│         │     │   ┌─────────────────┐
│  年计划 │─────┤   │     资源：       │
│         │     ├──▶│  现有的条件或    │
└─────────┘     │   │  可以获得的支持  │
                │   └─────────────────┘
                │   ┌─────────────────┐
                │   │     障碍：       │
                └──▶│  可能遇到的困难  │
                    └─────────────────┘
```

这里以培养阅读习惯的年计划为例。

首先明确全年目标为一年阅读 48 本书。

随后在策略方面思考实现这个目标要采取的关键行动，比如确定书单、安排每日阅读时间、使用阅读进度记录工具、确定内部或外部监督方式等。

之后要盘点可以支持阅读的资源，包括电子阅读器、足够空间的书架、是否需要开通微信读书等电子阅读 App 的会员，以及是否有足够的时间进行阅读等。

最后不要忘记写下培养阅读习惯的过程中可能遇到的困难，只有充分评估困难，才能在执行的过程中有的放矢地给出解决方案，如下表所示。

序号	年计划	目标	策略	资源	障碍
1	培养阅读习惯	一年阅读48本书	① 确定书单 ② 安排每日阅读时间 ③ 使用阅读进度记录工具 ④ 确定内部或外部监督方式	① 电子阅读器 ② 足够空间的书架 ③ 开通微信读书会员 ④ 基本规律的读书时间	① 阅读时不专注 ② 难以坚持，丧失信心
2	……	……	……	……	……

2. 月计划，必须承前启后

月计划起着承前启后的作用。

首先，月计划是年计划的分解和细化。我们在年计划中确定好年目标后，要把年目标分解到 12 个月的月计划中。比如年目标为阅读 48 本书，就可以按照每月阅读 4 本的进度来执行。不过，为了确保年目标能够达成，月目标最好能够挑战一下更高的要求，比如每月阅读 5 本，或者每周保证阅读一本，如果能够达到这个目标，那么全年就能阅读 52 ～ 60 本书，完成年计划自然不在话下。

当然，现实中偶尔会出现不可控的影响因素，导致每个月的阅读量上下浮动，这是正常的。有了具体的数字，目标才是可衡量与可追踪的，这样的目标才可能实现。

其次，月计划是年计划的步骤和周计划的指引。月计划要针对年计划中的"策略"给出行动步骤，比如策略中有"确定书单"一项，月计划中就应该进一步明确何时执行及完成时限；策略中明确了要"安排每日阅读时间"，月计划就应该细化到具体的时间点上，而上述这些执行步骤最后会成为周计划的具体指引。

同时，由于月计划也是我们日常可用于追踪进度的工具，所以要对每项行动计划的完成情况进行记录，如下表所示。

年计划	全年目标	策略	1 月计划		
			月目标	行动计划	完成情况
培养阅读习惯	阅读48本书	① 确定书单 ② 安排每日阅读时间 ③ 使用阅读进度记录工具 ④ 确定内部或外部监督方式	5本	1 月5日前确定第一季度的书单	已完成
				每日 13:00—13:30，21:30—22:30	
				完成阅读进度记录打卡表格	
				使用App记录专注时间	
				加入微信读书社群	已完成
				加入秋叶阅读变现营	已完成

3. 周计划，具备执行弹性

周计划和月计划类似，在制订时都要将上一层级的目标进一步细化。但我们通常会发现，月计划中所列的重点项目，到了周计划的具体执行中就需要与每日的其他事项一起进行通盘考虑，这时候除了要把制式日程都安排妥当，还应加入一些临时新增的任务，这些任务是在制订年计划及月计划时无法考虑到的任务。

以培养阅读习惯为例，具体某周的计划中，我们的目标是读完某本书，每天都规定了读书的时间。但是，本周公司临时安排了某日中午聚餐，那么原计划中当天中午的阅读计划就只能取消了，只能通过本周其他时间新增的阅读计划来追赶目标进度。

所以，及时检视和更新周计划是很有必要的。

与年计划、月计划相比，它更具备执行弹性，通过对一周完成情况的回顾，我们也能及时发现当前进度与月计划的差距，调整执行节奏，从而保证年目标及更长远目标的实现，如下表所示。

阅读习惯养成第 ×× 周计划			
时间	行动计划	完成情况	备注
周一	13:00—13:30	已完成	
	21:30—22:30	已完成	
周二	13:00—13:30	取消	中午安排了部门聚餐
	21:30—22:30	已完成	
周三	13:00—13:30	已完成	
	20:30—21:30	新增	
	21:30—22:30	已完成	

续表

阅读习惯养成第 × × 周计划			
时间	行动计划	完成情况	备注
周四	13:00—13:30	已完成	
	21:30—22:30	已完成	
周五	13:00—13:30	已完成	
	21:30—22:30	取消	参加同学生日聚会
周六	13:00—13:30	已完成	
	16:30—17:30	调整	晚上看电影
周日	13:00—13:30	已完成	
	20:30—22:30	新增	
本周计划：阅读完《秋叶特训营 个人品牌7堂课》 实际执行：×××小时，剩余×××页			

总而言之，年计划、月计划、周计划之间存在内在的逻辑关系，我们不能把它们孤立起来对待。在制订计划时，我们既要考虑长远目标，又要落实到日常的具体行动上，计划一旦制订好了，就要坚定地执行。

第 2 章 学会专注，别让时间被悄悄"偷走"

TWO

谁"偷"走了你的专注力？

苹果公司在 2021 年度 WWDC（Worldwide Developers Conference，全球开发者大会）上，邀请用户选出 iOS 15 中最喜欢的特性，结果 30% 的用户都投给了"专注模式"，这个结果在所有的选项中高居榜首。用户开启了这个模式后，只能收到选定的 App 和联系人的通知，其余的 App 通知将不会显示。

且不论这项功能是否可以帮助手机用户更加专注，这项投票的结果倒是道出了互联网时代的真相，那就是每个人的专注力正受到越来越多的挑战，专注力已变成一种稀缺的能力，这才让很多人不得不寄希望于有先进的工具来帮助他们。

为什么我们的专注力这么容易被外界因素悄悄"偷走"？

因为保持专注本身就是一串比较复杂的连锁思考反应，小到一个声音传入耳朵，大脑都要立刻进行复杂的计算。正因为如此，我们能够保持专注的范围很有限，当手机涌入大量信息，信息之间互相干扰，争抢我们的注意力时，保持专注就变得更加困难了。那些具有较强专注力的人，若非天赋异禀，大多是因为在现实生活中进行过特定的训练。

　　我们学习时间管理一定无法绕开专注力的话题，如果你感觉自己越来越难以集中注意力做一件事情，而且每次专注做事的时间越来越短，比如，原来可以安静地看书 30 分钟以上，现在看了不到 10 分钟，就要看看手机，否则就会感觉很烦躁，那么，你做时间管理的重要任务就是学会专注。否则，即使知道一项任务颇为重要，却无法专注处理，那么制订再完美的时间计划也无济于事。

总是容易被打扰，怎么办？来电、信息、贪玩……

学会专注的方法，时间就不会被悄悄地偷走。

2.1 电子静默法：找回被网络信息吞噬的专注力

《三联生活周刊》曾经采访过一位时间管理课程讲师，他坦言自己之所以钻研时间管理这门学问，是因为曾经深受网络碎片信息的困扰。

一个美丽的夏日，这位时间管理课程讲师去法国游玩，坐在塞纳河的游船上，他发现自己从头到尾都在发微信和看朋友圈，什么景色都没有看见。他忽然意识到网络带来的信息轰炸已经将他的生活"炸"成了碎片，所有的事情就像碎片一般24小时浮游在任何角落，工作量并没有增加，但是他几乎没有了闲暇时光。

更让他烦躁的是自己的注意力越来越不集中，从前他写1500字才休息一下，现在写几百个字就忍不住去关注网络上的各种信息，时不时看一下微信、微博或其他App，像有强迫症一样把微信上的小红点一个个点开，没隔多久就要和朋友聊聊天，在朋友圈点赞。这么一来，他完成工作的时间就被拉长了，不得不熬夜加班。

这样的困扰在当今普遍存在。

各种网络软件帮助我们更快地获取资讯，给我们的工作和生活带来了极大的便利。而它带来的负面影响则是信息泛滥，只要有网络，无论我们在哪里，信息就能持续"轰炸"我们的生活，但是大部分信息都与我们的工作与生活目标并无关系，以至于浪费了我们的宝贵时间。

因此，我们应该在必要的时候采取"电子静默法"，以避免自己沉迷于大量无效的网络信息，从而将我们的时间与专注力聚焦到有用的信息上。

1. 固定上网浏览信息的时间

我们不大可能切断网络连接，不过，除非你的工作要求你时时刻刻关注手机信息，否则建议固定上网浏览信息的时间。

比如，每天 12:00—13:00 可以随意浏览手机信息，其他时间都只关注与工作有关的信息。

这样一来，你会发现原来每天会漫无目的地玩好几个小时手机，现在每天压缩到一两个小时。而在这样的限制下，无论你是想浏览新闻，还是想购物，都必须目的明确，从而提高了获取信息的效率。

当然，刚开始你可能会不习惯，只要一会儿没看手机，就担心会不会错过了重大新闻或别人的消息，心里像被猫抓似的难受。为了确保我们能真的执行自己的"固定上网时间"的方案，我们可以在计算机或手机上安装一些时间管理类的工具来辅助自己，使用时限一到，计算机或手机就会给出提醒，提示我们该停止浏览，去做点儿其他事情了。

2. 增加电子产品的接触障碍

很多人有过这样的体验：在做事情的过程中一旦被打扰，再想回到专注状态，就至少需要花几分钟，这在无形之中浪费了宝贵的时间。因此当我们要完成一项需要较长时间保持专注的工作时，最好将容易干扰我们的电子产品放置在自己不容易接触到的地方，离开了电子产品，大量的信息自然就不容易进入我们的注意力范围。

我们用来接触网络信息的首要电子产品自然是手机，有研究表明，只要把手机放在我们的视线范围内，即便屏幕是黑的，也会使我们的专注力受到影响。

工作时，我们不妨将手机锁入办公室的抽屉中，要看手机的时候，还得找钥匙开锁。这样就提高了拿到手机的麻烦程度，这会降低我们去找手机的频率，进而可以让我们免受手机信息的干扰，但又不会错过重要电话。

如果你的工作场所是在家中，在书房工作时，不妨将手机留在卧室里；在公共场所伏案工作时，手机可以放在包里，不要摆在桌面上。

有的人还会在手机上安装辅助电子产品"静默"的软件工具，这样，只要设置了静默时间，除非关机重启，否则设置就不能被取消。在静默时间段内，只要一拿起手机，它就会发出刺耳的鸣响，逼得你不得不放下手机，关闭屏幕。

限制网络信息的浏览时间和增加电子产品的接触障碍，目的都是减少信息的干扰。但是我们也要明白，外界的干扰只是影响专注力的一方面因素，我们要想真正提升专注力，还应该学会其他一些方法，以帮助自己在工作与学习中快速进入专注状态。

2.2 触发心流法：迅速进入专注状态的强大心理效应

个人成长品牌"趁早"的创始人王潇是效率手册的爱好者和设计者。2012 年，她需要完成自己的第二本书的写作项目，为了克服自己的拖延症，排解自己在写作中的寂寞感，她在微博上开了一个话题，叫作"每天专注三小时"。为什么她会选择"三小时"这个时间长度呢？因为王潇认为，三个小时是她自己的心流出现的平均时间，而处于心流状态能够帮助她专注写作。

心流（mental flow）在心理学中是指一种人们在专注进行某行为时所表现出的心理状态。当心流产生时，人会感受到高度的兴奋和充实，处于此状态，人们会不愿被打扰，更加专注于正在进行的事情。

心流的理论已经广为人知，多数人也都或多或少地有过心流的体验，比如我们在玩游戏的时候就容易浑然忘我，保持专注，感觉时间流逝得飞快。

你可能会说，玩游戏是一件让人放松的事情，当然容易使人进入心流。其实不然。

《心流：最优体验心理学》的作者米哈里·契克森米哈赖（Mihaly Csikszentmihalyi）是公认的研究心流的专家。他在研究中发现，无论多么不同的活动，当心流产生时，当事人的感觉都极为类似，他们都是被一项或多项共同的要素所触发的，比如消除杂念、明确目标、接受挑战等。

将这些要素结合到我们的工作与生活的具体实践中，就会发现有许多方法可以帮助我们触发心流，从而使我们在工作与生活中快速进入专注状态，这就是 "触发心流法"。

下面主要介绍触发心流法的 3 种具体方法，我们通过反复实践有助于练就更容易触发心流状态的能力。

1. 白噪声法

回想我们读书时上自习，最怕旁边有其他同学聊天，即使你很专心，不想听别人在说些什么，但总归需要花精力刻意 "不去听"。现在在工作或学习中也是如此，只要环境有些嘈杂，我们就需要花更大的力气保持专注。有的人会在这种情形下选择戴上耳机或耳塞，将干扰的声音隔绝在外。其实，更有效的选择是播放 "白噪声"。

白噪声是一个物理学概念，我们可以简单理解为它传递给我们的信号始终是均匀的，比如大自然中的下雨声、虫鸣鸟叫声、海浪声、海风声等。

心理学的理论证明，白噪声虽然也是一种声音，但具有让人逐渐镇定，进而缓慢地消除心中杂念的作用。因此许多辅助保持专注的软件工具都配有播放白噪声的功能。心理学家刘轩就很喜欢在需要保持专注的时候给自己播放大自然中的白噪声，他还专门制作了一个时长为一小时的白噪声音频推荐给他的"粉丝"。

2. 视觉化目标法

有的人在租房住的时候，会想象自己将来住在一个大房子里，房子是自己喜欢的装修风格，摆放着自己喜欢的物件；有的人在埋头工作的时候，会想象自己当上老板的样子。因为这些想象让未来的目标真实可感，能够在一定程度上给一个人的内心带来力量，让他愿意暂时忍耐眼前的不如意，克服许多困难。

同样，当我们必须专注于眼前的工作，内心又忍不住想要懈怠时，不妨尝试将内心的目标通过现实的物件或者想象中的画面投射出来，仿佛它真实地呈现在眼前，这就是"视觉化目标法"。

这样的方法也有助于触发心流。比如王潇，她会把代表自己理想的图片放在眼前，开始工作前看一下，想象目标实现的场景，让自己更快地进入状态。她还习惯在开工前看一遍记录在效率手册上的一生的计划，提醒自己此生时间有限，不得荒废。视觉化目标法也是她推荐给自己读者的触发心流的方法。

3. 设置挑战法

游戏的研发者为了让玩家全身心地投入其中，在游戏中获得极大的满足感和充实感，也就是进入心流状态，通常会在游戏中设计多个触发心流的要素。其中常见的一种要素，就是挑战，也就是说，玩家在游戏中要打败对手有一定的难度，但是又可以想办法实现。

同理，我们在工作与学习中也可以通过"设置挑战法"来触发心流。通常情况下，如果任务的挑战难度很高，超出了我们的能力范围，我们就会陷入困境，容易拖延或放弃；反之，任务的挑战难度太低，我们可能会感到无聊而不愿意付出全部的精力，这种松懈的状态十分不利于保持专注。还有一种情况，就是任务的挑战难度和我们的能力不相上下，我们虽然会做得比较轻松，但也不容易激发出最佳状态。

米哈里·契克森米哈赖指出，当任务的挑战难度比你的能力水平高出适当的程度时，你最容易接近心流。这就意味着，我们应该为任务设定一个难度比自身的能力水平略高一些的挑战，但是它又没有超出我们的接受能力，需要我们充分地投入注意力才能实现目标。这种需要全力以赴的挑战才有利于触发心流。

比如，通常情况下你可以在 20 分钟内阅读 20 页书。当你觉得无法将注意力集中在某本书上，但又需要去理解它的内容时，就可以用手机定时，"要求"自己把阅读时间缩短为 15 分钟，这样你就会有意识地加快阅读速度，这样的挑战能帮助你更专注地阅读。

2.3　番茄工作法：循序渐进地提升你的专注力

番茄工作法可谓风靡全球，获得了许多人的喜爱，你在众多时间管理图书中都会看到它的身影。

这个方法由意大利人弗朗西斯科·西里洛（Francesco Cirillo）在 1992 年创立。他在上大学的头几年，一直苦于无法专注学习，于是他和自己打赌："我能学习一会儿吗？真正学习 10 分钟？谁来帮我计时呢？"他找到了一枚厨房计时器，形状酷似番茄，这个计时器帮助他逐渐从专注 2 分钟，到 5 分钟、10 分钟，甚至更长的时间。后来，他将这个方法写在《番茄工作法》一书中，使之流传开来。

番茄工作法，简单来说就是将一项工作或学习任务分配到 n（$n \geq 1$）个"番茄钟工作区间"来完成。通常情况下，一个番茄钟工作区间被定义成不间断的 25 分钟。在 n 个工作区间之间，可以给自己安排 5 分钟的休息时间。

在一个番茄钟工作区间内，使用者只可以选择完成一项工作任务，不做与这项任务无关的其他事情，直到番茄钟倒计时结束，响起铃声。每连续完成 4 个番茄钟工作区间，就可以多休息一会儿，比如休息 15 ～ 30 分钟。

番茄工作法的操作，可以分为计划、执行、应对中断、休息、记录 5 个步骤（见下图）。下面，我们就以大家常遇到的问题——如何专注阅读图书为例来讲解。

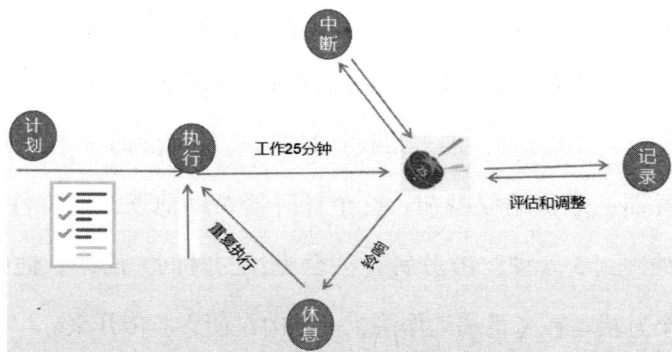

1. 计划

当选好一本准备阅读的书后，先花几分钟思考一下通常你能坚持的最长阅读时间是多少分钟，然后为其分配好番茄钟工作区间的数量，比如阅读 50 分钟，就是 2 个番茄钟工作区间。

在这个阶段要量力而行，如果以往你的阅读时间都比较短，或者是已经很长时间没有进行阅读，那么建议你先从 1 个番茄钟工作区间开始训练阅读时的专注力，也就是每天只进行 25 分钟的训练，这样就不会因为压力过大而导致执行困难。

2. 执行

大多数人可以较为轻松地在 1 个番茄钟工作区间内保持基本的专注，即使过程中偶尔分神，也不用太在意，第二天继续保持 1 个番茄钟工作区间的训练即可。

这个阶段建议不要急于给自己增加难度，如果连续几天番茄钟的倒计时铃声响起，你都舍不得放下书，你就可以增加训练的时长了。毕竟专注力的训练就像肌肉训练一样，无法一蹴而就。

3. 应对中断

执行时总是被打断怎么办呢？如果不得已中断了番茄钟工作区间，我们也不必懊恼，只需要如实地将中断的次数和原因记录下来。番茄 ToDo 等 App 就提供了这样的功能，只要执行被中断，就会有用以记录原因的弹窗。

如果是在容易被打扰的环境下使用番茄工作法，我们可以戴上耳机，尽量避免他人打断你的执行。

《小强升职记：时间管理故事书》的作者邹小强也是一位时间管理专家，他曾经说过自己在公司写代码的时候，应对中断的方法就是戴上耳机，他甚至常常不放音乐，只是"戴"着耳机而已。他将这背后的原理解释为"乒乓球理论"，也就是你不发球就能减少回球，你不接球就能减少回合数：戴耳机让你接收周围信息的能力减弱，也就更能专注于眼前的任务；他人看到你戴着耳机，也会接收到你暂时不想与外界沟通的信号，多数人就会暂时离开。

4. 休息

当我们已经开始进入多个番茄钟工作区间的训练阶段，就要在每一个番茄钟工作区间结束后，停下来休息 5 分钟。

不过，在休息时尽量不要看手机，尤其不要"刷剧"或浏览购物类 App，这样不但不能让大脑和眼睛得到休息，还很容易因沉迷其中而影响下一项任务的完成。

反过来，即便觉得状态良好，也不要省略休息的时间，有意识地安排在番茄钟工作区间之间休息，能将一些诱惑进行"碎片化"处理，反而有助于我们增强抵御一些诱惑的能力。而且有时候，即便我们看上去还不需要休息，但由于长时间集中注意力，自己的大脑已经处于疲劳状态，专注力也开始走下坡路了，如果不休息，反而是有悖于我们提升专注力的初衷的。

5. 记录

最后，请不要忘记一个关键的步骤，记录。比如，记录自己一天总共完成了多长时间的阅读任务，其中有多少是计划内的，有多少是根据自己的状态临时增减的。

通过记录，我们可以及时对自己利用番茄工作法进行专注力训练的效果进行复盘。比如，阅读多长时间会开始分神，一天中哪些时间段的阅读效率最高，在怎样的环境中阅读会更容易保持专注，等等。

上述番茄工作法的 5 个步骤适用于工作与生活中的大多数情境，其目的都是让我们从一个番茄钟工作区间开始，毫无压力、循序渐进地不断专注于具体的任务，经过长时间的实践获得专注力的整体提升，直到不再需要借助工具。

2.4 合理预见法：减少职场协作对专注力的影响

我们生活在一个人与人的连接更加紧密的时代，在处理工作时，常常需要与人协同，而非独立完成，这看似是在给个人"减轻负担"。

但实际上，我们会感觉，有时候有人配合自己，做起事来反而更累。与其他人合作完成某些工作，我们不免会在做自己负责的工作时受到他人的"打扰"。而在强调团队合作的氛围下，我们似乎也不能随意拒绝这种"打扰"。但是，这对我们的工作效率造成了很大的影响——自己好不容易沉浸在工作状态中，领导突然指派了一个新任务，下属突然跑过来向你汇报工作，合作方的工作电话突然打进来……专注于自己眼前的工作是不是很难？

在这种"时刻都在线，随时被打扰"的情况下，学会保持专注也是一种职场竞争力，因为专注力会在很大程度上影响工作效率，能够保持专注的人，通常会在同样的时限内完成更多的工作，也多半会在接受同等任务的情况下比他人更快地呈现工作成果。

所以，我们虽然不能拒绝职场协作，但应该通过合理地预见可能发生的情形，减少被打扰的因素。下面，我们将分别从下属与领导两个不同的视角来分析，看一看如何在正常协作的同时又能减少他人对自己工作的打扰。

1. 减少来自领导的打扰

不可否认，职场人如果希望职业生涯发展得较为顺利，除了保质保量地完成本职工作之外，领导的好评往往也是至关重要的。领导对下属的要求往往被默认为指令，如果未遵照执行，有时会让领导误会。

最明智的做法，是在一开始就让领导参与制订你的工作计划和日程表，让他清楚你的工作安排。

比如，有的团队会每天组织召开例会，或者安排周例会及月例会，主要目的就是让领导与员工共同制订计划，让领导及时了解员工的工作情况，在安排工作时全面考虑，不要让过多临时性的工作打乱大家的时间安排。

员工也应该定期向领导汇报工作进度，你可以在上述例会中详尽地汇报，在遇到特殊情况时主动、及时地汇报，这些方式都可以在一定程度上减少领导询问进度的次数。

如果你需要完成一件重要且紧急的任务，不希望中途被人打扰，可以请示领导后找相对安静的场所独自工作，这样一来，领导在临时指派任务时，大多会安排别人去完成，这也可以降低你被打扰的概率。

2. 减少来自下属的打扰

如果你是领导，你就负有授权和指导下属开展工作的职责，下属遇到问题时常常需要你参与决策，只有上下级密切合作、配合默契，工作才能顺利完成。因此，领导要做的不是减少与下属的沟通，正相反，领导要鼓励下属主动汇报、经常反馈。但是，领导可以通过以下3点来引导下属选择合适的时机汇报与反馈，以免不必要的重复沟通打断自己的工作。

第一，提前告知下属，每天你会在固定的时间集中处理下属的必要问题，这样比随时随地给出批示要省时省力得多，比如 9:00—10:00 为预算审签时间。这样，下属就知道在固定时间与你碰面，并顺便汇报那些不那么紧急的问题。

第二，当下属无法准确领会领导下达的指令时，他们在完成任务的过程中难免会反复地请示或提问，因此，与下属沟通时要做到指令清晰。领导要将任务的最终目标、期待的结果、任务执行过程中的关键要求，都清楚地传达给下属。

领导布置任务时要确保下属做好了记录，将重要事项记录在案应该成为团队的规定，以减少重复沟通。

第三，领导要学会适当地放权，明确告知下属他拥有哪些权限，在权限范围内他无须请示。在下属可以自行决定的权限范围内，领导也应容忍一定程度的错误，否则下属工作起来就会畏首畏尾，只能频繁地打扰你，作为领导的你想要专注于工作就更难了。

2.5 场景转换法：居家办公如何创造专注环境

这两年有一个新的共享概念兴起，那就是"付费自习室"，它成为越来越多人喜欢的工作和学习场所。

在美国，一家名为 Cave Day 的公司甚至将付费自习室变为一种社群感更强的活动，开始工作前，大家会围在一起，"上缴"手机，参与者逐一分享今天的工作目标和现有进度；一天结束后，大家也会一同回顾完成工作的程度。

他们还会采用番茄工作法的思维，将一天明确分为数个时长为 35 ～ 45 分钟的专注模块，模块间设有长度不同的休息甚至运动放松时间。这家公司还推出了线上服务，用 Zoom 连接各地参与者，他们可以通过视频连线，隔空集体工作。

你可能会问，为什么会有这么多人喜欢"一起"工作和学习呢？不能到场的人甚至付费也要在线上"集体"工作，他们的目的是什么？

其实，无论是付费自习室还是 Cave Day 公司提供的服务，都是为了让参与者感受到一种氛围，周围大多数人在努力，你会被氛围感染而更容易保持专注。参与者中的大多数人在接受服务期间，通常都拥有选择独自在家学习与工作的自由，否则他们就无法参与其中了。

由此可见，居家学习或办公的方式让很多人难以保持专注、效率不高，所以他们宁愿付费来获取环境氛围的约束。

新冠疫情期间，居家办公的人增多了，虽然不用为了通勤而奔波，但很多人却并没有感到可控时间增多。因为忽然离开了他律的办公环境，人们顿时感觉有无数的东西都在争夺自己的专注力——社交媒体、孩子、家务、朋友、天气和孤独……所以，为居家办公创造一种专注的氛围就成了许多人的迫切需求。

为此，我们可以在家中采用"场景转换法"。所谓场景转换法，就是指我们不需要一个人和自控力"死磕"，而是通过改变或创造一个帮助自己保持专注的环境，让自己拥有在办公室工作的状态。试试下面 6 种方法吧。

1. 设置单独的工作空间

为自己设置一个单独的工作空间，这个空间即便没有专门的办公室配置，也必须在工作时间内归你所有，并且仅用于工作。其目的是把休息区与工作区明确区分开，你既不能在休息的区域工作，也不能在工作的区域休息。这样会给人一种心理暗示：只要进入工作区，就要专心工作了。

2. 设置规律的办公时间

就像上班打卡一样，既可以将工作时间设置成 9:00—17:00，也可以设置成 12:00—20:00，根据你的个人情况来定。重要的是有规律，固定下来就不要轻易更改。这其实也是为了区分娱乐和工作，既要在工作时间全身心投入，又要注意劳逸结合，避免在家中因为缺乏约束而熬夜。

3. 保持正式的着装

衣着也会给个人的心理带来影响，要让自己沉浸在办公的状态，就要着装整齐，即便不用穿西服、打领带，也应该穿着整洁的外出服，最好不要穿舒适得让自己躺下就能睡觉的睡衣或家居服。

4. 取得家人的支持

家人是我们每天都要接触的人，如果家人不理解你，你想在家中专注地工作也是比较困难的。所以，要与家人沟通好，请他们在工作时间帮助你维持一个安静的环境，让你能够专注于工作。

比如，孩子年龄太小，容易吵闹，你就可以试着跟伴侣设置一个时间表，一个人专注于工作的时候，另一个人负责带小孩。

只要取得家人的理解，你在做一些重要的事情时，可以在门上挂一块"请勿打扰"的牌子，这样家人就知道你在这段时间里需要保持专注了。

5. 进行适当的户外活动

这一点对于长期在家中工作的人来说特别重要，身体状态关系到精神状态，我们前面已经分析过，精神状态也会影响专注力。

如果不想去健身房运动，至少应在家中做适当的运动，或者每天出门跑跑步。出门也可以促使自己修饰仪容，这对保持积极的精神状态很有帮助。

6. 学会自我反馈和激励

有的人相对难以适应一个人埋头努力，需要得到反馈和激励，那么加入一两个线上自律社群是较好的方法。学员们在同一个公开平台打卡，如果你看到不少同学的条目全部打卡成功，但自己的条目还有许多没有做到，内心就会有压力，这就是一种即时反馈。

你还可以给自己制订目标和计划，同时将其发送到社群及朋友圈里。为了配得上你在自媒体平台为自己立的"自律人设"，你也会表现得积极一些，这就是一种激励。

反馈和激励可以为枯燥的工作与学习增添一点儿乐趣与挑战，让人为了获得这些反馈和激励而更有动力去完成任务，从而能够更加专注。

▶ 第 3 章　提高效率，好方
　　　　　法让你比别人快
　　　　　一步

THREE

越忙碌，越要管理时间。

很多年轻人喜欢人际关系简单和氛围宽松的公司，但也会抱怨其加班制度，在项目开发紧张期，很多人可能连续几周下班回到家就已经凌晨一两点了，于是被迫放弃生活爱好。有些人会有这样的想法——时间根本就不是我的，既然无法改变现实，我还做什么时间管理呢？

恰恰相反，越是工作忙碌、经常加班的职场人越需要关注时间管理。

首先，过于忙碌会让某些职场人无暇考虑职业发展的其他路径，过早地习惯当下的生活与工作方式，时间长了，即便觉得不对劲也很难去改变。但是，公司裁员或架构调整的现象并不少见，一旦发生这种情况，有些人就会发现自己虽然一直以来工作很努力，但因为没有培养出新环境需要的能力，还是免不了陷入新的职业困境，无法获得想要的生活。

其次，过于忙碌的工作会打乱我们的生活节奏。工作压力过大会影响身体健康，时常加班会导致我们没有时间陪伴家人。所以，我们就需要通过提高时间效能，在有限的工作时间内让完成任务的效率更高，以留出充足的个人时间与家庭时间，让工作与生活恢复到一种相对平衡的状态。

我们虽然不能控制自己拥有多少时间，但我们可以控制使用时间的方法。

法比安·奥利卡尔（Fabien Olicard）说过："你所拥有的无限时间其实正藏在你日常生活的角落里。"所谓提高时间效能，就是重新发现和利用这些隐藏的时间，从而提高自己的效率。

这包括在任务繁杂时改变固有的日程，采取更灵活的时间利用策略；尽可能加快行动，避免拖延；善于借力，让他人帮忙分担部分工作；合理地统筹安排多件事情的完成顺序以节省时间，以及在差旅途中更好地规划时间与行程，并保持高效工作。

工作太忙，总是加班，时间都
不是我的，还怎么管理呢？

提高效率，就是重新发现和挖
掘隐藏的宝藏时间。

3.1 时间盒管理法：任务繁杂时的高效工作法

北京大学毕业的艾力有多个闪亮的头衔，他是"奇葩说"人气辩手，曾得到马东、蔡康永推荐的演讲新星；他是电影《魔兽》在中国唯一的受邀嘉宾主持；他是新东方英语名师；他还是一名作家，他在书中介绍了自己独创的时间管理法，影响了许多年轻人。

但艾力的成功并非一蹴而就，他经历过失意和挫败，也曾经放弃过自我管理，变成一个体重 190 斤的胖子。父亲的忽然去世给了艾力沉重的打击，让他一夜成熟，他意识到自己成为了家庭的支柱。于是，他重新思考了自己的人生规划，给自己立下了"军规"，全方位地去规划自己的时间。仅仅用了 3 年，他的人生就变得大不同，除了取得了那些闪亮的成就，他还通过健身，将体重从 190 斤降到了 140 斤，并练出 6 块腹肌。

艾力的时间管理原理是把从早上 7:00 到晚上 12:00 这 17 个小时中的每半个小时视为一枚金币，总共 34 枚金币，睡觉前检视自己的金币是怎么花的，并用不同的颜色归类，总结这一天的收获，进行反思与调整。

这个原理给了我们启示，其实很多高效能人士面对的工作任务非常繁杂，他们对时间的规划往往会精确到每一个小的时间单位，他们会检视每一个时间单位的利用情况，强制规定完成任务的时间，而不会被动地任由任务来影响时间的安排，所以他们完成工作的节奏更加紧张，浪费时间的可能性较小。

我们在具体的实践中，可以基于这样的原理来设计一种"时间盒管理法"，就是将时间分装在无数个"时间盒子"

里，比如以 10 分钟为一个时间盒子，然后规定每个任务需要多少个时间盒子来完成，并在规定时间内完成。

这种时间管理法的精髓在于，我们不是按照时间顺序来安排任务的，而是强制规定完成任务的时间，用任务来反向"约束"时间。

接下来我们看看时间盒管理法的具体操作方法，以及需要注意的问题。

1. 任务优先，为待办事项设定时限

对于需要应对大量繁杂且不断变化的工作的人而言，他们常常会遇到猝不及防的情况，比如任务一延误就会影响任务二；提前做完了任务一，可能还要等一个小时才能进行任务二……这些时候，看似井井有条的线性计划，面对突发情况就显得有些脆弱。

而时间盒管理法为未来需要执行的每个事项设定了明确的时限，比如任务一要在 15 分钟内完成，任务二要在 10 分钟内完成。这样一来，我们关注的核心就不再是什么时刻做这件事，而是做这件事花费的时长。

当然，时间盒子切分得很细致，以 10 分钟为单位安排日程，直接把一天的时间切成了几十个时间盒子。我们也可以根据自己的能力来设定任务完成时限。

2. 缩短时限，不要设置宽松的截止时间

管理学中有一条帕金森定律（Parkinson's Law），这条定律指出工作会占满一个人可用的所有时间。也就是说，大多数人并不会自觉地在截止时间之前提前结束任务，我们为任务分配的时间越多，完成任务花费的时间也就越多。比如，查资料原本只需要 30 分钟，我们却给这项任务安排了半天的时间，那多半真的会花半天才能完成。

"截止时间才是第一生产力"，给每项任务安排足够且最少的时间，就能让自己时刻处于截止时间临近的紧迫情境中，在这样的状态下工作效率最高。任务范围可以调整，但截止时间不可以随意变化。

缩短任务时限可以减少我们在现实生活中常见的无谓耗时，比如会议时间原定为半小时，却因为某个议题的讨

论时间过长而超时。但是，如果我们强制要求会议在半小时内结束，这项议题通常也会得出结论，并不会有过多的僵持。

3. 灵活弹性，不需要按照顺序完成任务

这就是说，你在完成任务一后，可以立刻进行下一项最适合进行的任务，而不一定是任务清单上排第二的任务。

有些事情看上去难度不高、耗时不长，其实可以见缝插针地利用碎片时间来完成，但很多人并没有这样的意识。比如，我们常遇到这样的情况——依照线性时间表，完成一项工作任务后，还有 10 分钟就到午餐时间了，而计划表中的下一项任务预计耗时 20 分钟。这时候，大多数人就直接放空大脑了，殊不知正是这样的习惯让我们在不知不觉中浪费了许多"小段"的时间，这样的时间积累在一起也足以完成重要的事情。

此时，使用时间盒管理法就会有这样的好处——我们可以立刻调取下一项可以在 10 分钟内完成的任务，这样我

们整体的工作完成效率会比其他人更高。

3.2　行动导向法：拖延状态的简易破解之道

德国心理学家沃尔夫冈·柯勒（Wolfgang Kohler）发现，人们面对挑战和困境时通常会有两种不同的心态：第一种，"我要先调整好自己的状态，再一口气把它解决掉"；第二种，"我要赶紧行动起来，改变它，让自己摆脱困境"。

第一种心态称为"状态导向"（state orientation）。状态导向者注重的是结果，他们如果预测自己无法实现目标，就宁可不做。

他们常说这样的话：我现在状态不好，所以不适合行动，我应该等到状态更好时，再去做出"良好的表现"。状态导向者可能没有意识到，他们的这种表现就是人们常说的拖延。

拖延指的是一个人迟迟无法开始行动，或者是因为觉得任务复杂，有畏难情绪；或者是因为缺乏动力，无法对抗惰性。

状态导向者总想"等"状态，而事实上，状态是"做"出来的，而不是"等"出来的。想要战胜拖延，就要从此刻开始行动，无论自己是否处于良好的状态，这就是第二种心态——"行动导向"（action orientation）。

行动导向者更注重过程，认为如果离目标还差 100 步，哪怕只迈出了 1 步，也是一种胜利。行动导向者相信只要行动起来就能逐渐改变状态，当他们感觉到自己状态不佳、想要拖延时，会推动自己赶紧行动起来，通过行动来对抗畏难情绪和惰性，进而攻克难关。

当我们始终坚持行动导向时，慢慢就会发现，马上行动的结果并不会比拖延之后的结果来得差。当然，要推动自己展开行动，尤其是在状态不佳的情况下也坚持行动，我们并不能只靠毅力，还需要有效的方法。那么，有哪些方法可以推动我们快速行动呢？下面就介绍 3 种简单易行的方法。

```
                        ┌─────────────────┐
                   ┌────│  打造专属仪式感  │
                   │    └─────────────────┘
┌──────────┐      │    ┌─────────────────┐
│   3种     │──────┼────│ "世界最烂"法则   │
│"行动导向法"│      │    └─────────────────┘
└──────────┘      │    ┌─────────────────┐
                   └────│   15分钟法则     │
                        └─────────────────┘
```

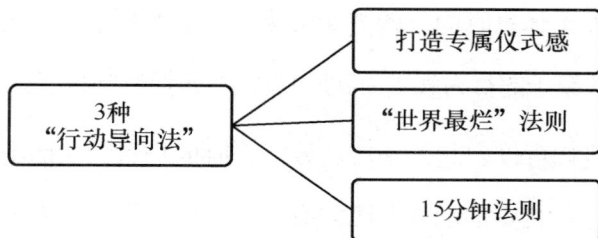

1. 打造专属仪式感

打造仪式感是一种通过执行特定的动作，帮助我们迅速聚拢思维和精力的方法。当我们想要拖延时，一旦完成了某个特定的动作，我们就能将自己的反应力、思考力、执行力重新聚拢起来，从而将自己拉回到行动中来，并且迅速进入高效工作的状态。

胜间和代被誉为日本的"职场女神"，她 19 岁时就通过了日本注册会计师复试，成为最年轻的注册会计师，2005 年她被《华尔街日报》评为"全球最值得瞩目的 50 位女性"之一。胜间和代在一次采访中说，当年她在准备注册会计师考试时，每天会放一面镜子在写字桌上，从镜子放上去的那一刻起，她就会全身心投入学习，因为只要她一偷懒，就能从镜子中看见自己，这面镜子提醒着她如果不是处于休息时间，就需要快速回到学习状态中。久而久之，放镜子的行为就成为胜间和代学习时的"仪式"。

我们可以回想上一次高效工作时的场景，从而给自己设计一些特定的动作，比如有的人喜欢洗个澡；有的人喜欢抄写几行字；有的人喜欢泡一壶茶；有的人喜欢打开某段背景音乐。每次进行特定的工作以前，都坚持重复上述动作，就能让行为得到强化，逐渐形成一种仪式感。仪式感会带来一种自我暗示，就像生活状态与工作状态之间的一条分界线，能帮助你越来越高效地进入工作状态。

2. "世界最烂"法则

职业生涯规划师古典一直致力于研究个人成长，他创办的新精英生涯（北京）教育科技有限公司（以下简称"新精英生涯"）是国内生涯规划领域的知名企业，他本人是新精英生涯的执行总裁，同时也是一位作家，所著的3本书均有不错的反响。他曾在公开课中坦承自己有"写作拖延症"，他偶尔也会有找不到状态，难以高效完成写作的困扰，也会因为对自己要求过高而迟迟无法动笔完成一篇文章。

而他克服拖延的办法就是使用"世界最烂"法则。在陷入写作的困扰时，他会对自己说："我有权利写出世界上最烂的文章！"然后埋头开始写作。开始动笔时，他有可能完全没有思路，但是会先写自己能写的内容、想写的内容，写着写着就会发现越写越顺，最后再对全文进行修改。

用古典自己的话来说，好的开始是成功的二分之一，而烂的开始则是成功的三分之一。

3. 15 分钟法则

当你想要拖延时，不妨告诉自己"我先行动并坚持 15 分钟"，15 分钟是一个较小的时间单位，对于习惯拖延的人来说，15 分钟不会让他们感觉到有压力，似乎坚持一会儿就能"熬"过去了。而实践证明，通常开始行动 15 分钟后，人的状态就开始逐渐改变，很多工作都能持续推进下去，这时你会发现，对于原来你没有动力做的事情，现在你变得比较乐意去完成了。

这个过程就类似于翻开一本书，原本没兴趣，偶然读到里面有意思的片段，就想一口气把剩下的章节也读完。

总之，对于战胜拖延而言，开始做比做多少重要，"完成进度"比"完美度"重要，无论如何要让自己先行动起来。

3.3 借力法：善于分配任务，提高工作效率

当下，将工作外包已经是公司和个人节省时间、提升效率的绝佳方式。很多大公司会将一些非核心业务外包出去，而自己专注于核心业务。

比如，苹果公司就把它的近百道工序外包给其他的厂商来完成，自己专注于技术研发和品牌营销；国美电器则把送货的工作外包给了运输公司完成。个人也一样，我们的精力与能力是有限的，要想提升工作效率，借力也是一种很重要的时间管理思维。

《行动变现：如何让我们的拼搏更有价值》的作者杨小米是许多年轻人心目中的励志榜样，她有着高速的个人成长经历，从一个普通职员一直打拼到市场总监，同时在个人自媒体上将自我成长、自我管理、职场、情感等经验与年轻人分享，影响了许多年轻人。

　　杨小米在书中谈及自己的时间管理经验时说过一句话："购买他人的时间，批发自己的时间。"这句话的道理，就是尽可能将重复性高、他人可替代的工作内容付费交给别人来完成。

　　杨小米在月收入 2 万多元时，会从其中拿出 2000 元请助理，有很多工作只需要把模板做出来，就可以交给助理来完成，比如打电话、上网收集资料等。她在做用户访谈项目时需要收集很多录音，她会花钱请速记人员来转录，这样别人三五天出一份的用户报告，她一天就能出一份。很显然，这类工作交给谁来做结果都不会有太大的差异，借力的结果就是自己能腾出时间来进行更有价值的工作，因而效率更高。这就是善于借力的好处。

　　所谓"借力法"，就是指为了节省更多时间去做自己喜欢做、擅长做并且产出高的事情，而把部分工作授权给他人去做。

　　如果你是一名管理人员，你需要懂得合理分配任务，而不是事必躬亲，事无巨细一把抓的领导大多工作得比较辛苦，但整个团队的工作效率却并不高，下属的成长也会比较缓慢。

如果你是一名普通员工，你也可以将一些非核心的事务或一些短期的业务交给专业人才或机构，比如常见的让"跑腿"帮忙送达资料，付费请人润色 PPT 或剪辑视频等。

但是，要用好借力法，我们要先学会分辨哪些事情是自己必须做的，哪些事情可以分配给他人来做。在决定借力以前，可以先厘清以下 3 个问题。

（1）这件事情交给别人来做，结果会很差吗？

我们有时会有一种错觉，认为现在自己在做的事情，换成别人来做一定不如我们自己完成得好、完成得快。

如果我们在是否能够借力这个问题上举棋不定，可以试着反过来问自己："如果这件事情不是由我来做，结果会很差吗？"假如答案是否定的，或者虽然结果会有差异，但仍然在自己能接受的范围内，那么这件事情就可以借力，从而把时间节省出来花在更重要的事情上。

（2）这件事情交给别人来做，是否比我做得更专业？

原则上，专业的事情应该交给专业的人来做，虽然我们需要为他人的专业能力及付出的劳力支付报酬，但比起自己去做并不擅长的事情，把这些事情交给专业人士来完成是更高效的选择。比如，打扫卫生这样的事情，请专业保洁人员来做效果会更好；将日程安排交给秘书，她会安排得更细致周到；广告海报交给设计人员去做，视觉效果会更好。

（3）这是一件需要重复做的事情吗？

通常而言，只要这个问题的答案是肯定的，这件事情就应该授权给他人来完成。因为重复性的事情变化不大、可控性强，即便有少许难度，我们也完全可以将自己掌握的方法和经验教给另外一个人。这样的借力即便从短期来看可能会损失一些精力与金钱，但从长远来看，专注于最有价值的事情才是对时间的高效利用。

3.4 统筹时间法：统筹安排工序，同时处理几件事情

曾有人这样比喻，一个时间管理高手就像一个杂技演

员，他既可以手中同时玩 3 颗球，也可以同时玩 13 颗球，这个"同时玩 13 颗球"的比喻很形象地描述了时间管理高手的特质，他们既能够专注地处理一个棘手的项目，也比他人更愿意思考、发现工作和生活中各种任务间的内在联系，通过合理的安排让一系列任务在同一个单位时间内得到解决。这就是"统筹时间法"。

统筹时间法来源于统筹规划方法的理念，我们在中学时都读过华罗庚写的《统筹方法》，我们来看一下其中关键的一段。

统筹方法，是一种安排工作进程的数学方法。它的实用范围极广泛，在企业管理和基本建议中，以及关系复杂的科研项目的组织与管理中，都可以应用。

怎样应用呢？主要是把工序安排好。（比如，想泡壶茶喝。当时的情况是：开水没有；水壶要洗，茶壶、茶杯要洗；火已生了，茶叶也有了。怎么办？）

办法甲：洗好水壶，灌上凉水，放在火上；在等待水开的时间里，洗茶壶、洗茶杯、拿茶叶；等水开了，泡茶喝。

办法乙：先做好一些准备工作，洗水壶，洗茶壶、茶杯，拿茶叶；一切就绪，灌水烧水；坐待水开了泡茶喝。

办法丙：洗净水壶，灌上凉水，放在火上，坐待水开；水开了之后急急忙忙找茶叶，洗茶壶、茶杯，泡茶喝。

这段描述中哪一种方法更省时呢？生活经验能够让我们一眼就看出来，办法甲最好，后两种方法都相对浪费了时间。

统筹时间法能够解决人们在时间管理中容易出现的两个问题，一是做事只看到眼前的这一件，将其他事情抛到九霄云外，结果顾此失彼，即便一件事情处理得很迅速，却因为需要花额外的时间去单独处理本来可以顺便一起完成的事情，整体上反而变得低效了；二是不善于发现"隐形时间"，有些碎片时间从表面上看，起不了什么作用，但其实只要仔细规划，我们就会发现有些事情是可以穿插在碎片时间内同时完成的，这能在无形中提高效率。

接下来我们就来看看以下两种有助于统筹时间的方法。

1. 整合零碎的事情

如果你有较多的碎片时间，就应该详加规划如何使用它们，比如有些事情由于较为琐碎和随机，并不适合列入正式的时间计划中，这就需要我们对该类事情进行思考和整合，将它们合理地分类，以便统筹完成。

其实有不少很会利用时间的职场人士，经常把零碎的事情整合并利用碎片时间一起做，比如，在做早餐的时候听音频课、背英语单词；在健身的时候听书；吃午餐的时候看美剧；晚上和孩子一起看书，既陪伴了孩子，又充实了自己。

很多女性践行了这样的方法，普遍发现自己的时间利用效率得到了提高，尤其是全职妈妈们，她们会发现自己的生活开始变得不忙不乱，而且还有富裕的时间去增加收入。

2. 不要空跑一趟

你有没有观察过餐厅的服务员？在最忙碌的餐厅里，如果服务员能够做到有条不紊地上菜，回应客人的各种需求，客人的满意度就会很高；反之，客人就会不开心，认为这家餐厅的服务不好。因此，熟练的服务员需要练就一套"不要空跑一趟"的本事。

例如，在大厅服务的时候，如果要去厨房端菜再上菜给客人，就可以顺便拿一个需要加水的水壶去厨房；如果要去储藏间拿扫帚，就可以顺便带过去几块需要清洗的桌布。

这样的统筹时间法可以广泛运用到生活与工作中。如果我们吃完晚饭到楼下散步，就可以顺便带上垃圾，而不是之后专门跑一趟；如果我们要离开座位到不同的楼层去找一位同事，不妨多花几秒钟想一想有没有什么工作可以顺便一起做了；如果我们需要写一篇文章，不妨想想可以分发到哪几个平台。这样的习惯可以让我们高效利用自己的时间，不浪费自己的精力，效率自然就会得到提高。

3.5　出行小技巧：差旅途中也能高效地工作

交通工具的发达缩短了城市之间的距离，使人们可以随时到另一个城市开展商务交流，但方便的同时也给一部分人带来了新的问题，那就是有的职场人不得不频繁地出差。出差改变了工作的场景，打乱了工作的节奏，舟车劳顿扰乱了生活作息，让人更容易疲劳，所以如何在差旅途中调整状态、高效工作已经成为这部分职场人需要解决的问题。

试想，我们如果无法在差旅过程中克服上述困扰并及时完成必要的工作，就难以达到岗位与职位的要求；如果每次出差回来后案头总是堆积了大量的工作，我们不得不加班加点完成，心情难免烦躁，整体的工作效率又怎么会高呢？

作为典型的"空中飞人"，润米咨询创始人刘润多次在自己的文章中分享出差心得及体验。一年365天，刘润至少有200天，不是在出差，就是在去出差的路上。出差频繁的时候，他甚至来不及通过通信工具与团队沟通行程，只能借助网络共享日程表。在这样的磨炼之下，刘润自然积累了很多出差的工作法，即便在差旅中也能很好地平衡体力与脑力，高效地工作。

有4个出行的小技巧推荐给大家，它们简单易行，却能有针对性地解决差旅过程中常见的困扰，保证工作效率。

1. 轻装出行，减少行李托运环节

打包行李是一件较为烦琐且耗时的工作，如果你希望提高效率，应该尽可能让收拾的过程标准化。我有一位记者朋友曾告诉我，为了应对随时出差，她有一个登机箱，里面长年装着准备好的洗漱包、一次性卫生用品、办公必备的线材包，而且每次旅程结束，她都会重新整理好这个登机箱里的物品。这样一来，短途旅行只要带齐衣物即可出发。

同时，如果不是时间过长或者家庭出游，个人出行尽量带轻便的行李，这样可以不用托运，就能节省很多时间。

2. 考虑路况，选择稳定的出行方式

因为堵车而赶不上飞机的焦虑，只要经历过，一定很难忘，误了飞机事小，耽误了重要的工作就尴尬了。为了减少此类突发情况，要选择出发及到达时间均相对稳定的交通工具。

这就需要综合考虑当地的路况来做出选择。通常而言，地铁和高铁最为稳定，因为时间可控；自驾的稳定性不高，有可能遇上堵车；打车的稳定性最差，要受到路况和同时段打车人数的双重影响。当然，为了确保万无一失，建议无论选择何种交通工具，都预留足够的时间，比如刘润会在乘坐飞机时提前 2 个小时出发，乘坐高铁时提前 1.5 个小时出发，宁愿早到，多出来的时间可以从容地学习或工作。

3. 及时小憩，避免透支体力

许多人在旅途中喜欢玩手机，其实，为了缓解赶路与工作造成的双重疲劳，最好逐渐养成小憩的习惯。每个人可以根据自己的休息习惯，在随身包中放置一些舒缓用品。

刘润为了在飞机上睡觉时不被打扰，特意备了一副有趣的眼罩，一面写着"吃饭叫我"，另一面写着"吃饭别叫我"，视情况来佩戴。而有的人备齐了颈椎枕、软布拖鞋和降噪耳机，在飞机或高铁上可以充分放松；

有的人喜欢带一本轻松的纸质读物，纸质读物与电子读物不同，它既不会对眼睛造成太大的刺激，也不会影响睡眠；等等。

4. 随时工作，备齐移动办公工具

工欲善其事，必先利其器。为了应对差旅途中的工作需要，我们应该根据自己的实际情况，对移动办公工具进行必要的了解和购置。

比如，从硬件上来说，带有手写笔的平板电脑更方便随时办公；iReader 这样的电子阅读器，可以用于阅读工作文件。如果你像刘润一样，需要随时随地营造良好的声音环境以方便临时开会，可以考虑配备蓝牙耳机手环、电话会议音响、主动降噪耳机，这样从旅行包里就可以掏出一间"小型会议室"。

软件也是很重要的辅助办公工具。我们需要利用石墨、坚果云等协同办公软件，在不同设备上随时更新工作进度，与同事们保持协同办公；还可以安装录屏软件，当我们遇到需要演示过程的工作时，可以毫不费力地与沟通对象共

享内容。不少计划软件或项目管理软件也十分有用，可以让我们在任何时候都井然有序地统筹安排行程与工作。

　　读完这一章内容，我们会发现，对于在生活和工作中遇到的许多问题，总会有在这个领域经验丰富且擅长学习的人将好的方法总结在书中，比如秋叶出品的"秒懂Office"系列图书，就是帮助职场人提高工作效率的随身"宝典"。这个系列的图书收集了职场人运用 Office 办公软件的痛点，汇总了 380 多个实战技能，还配有 370 个同步视频，免费赠送 11 项超值资源。职场人为自己备一套，随用随查，工作效率自然远远高于不善于用工具的人。

▶ 第 4 章　管理精力，充沛
　　　　　的精力是高效能
　　　　　的基础

FOUR

回想一下，我们是不是常遇到以下情况：难得准时下班，本来兴致勃勃地计划着晚上在家培养一点儿业余爱好，可是到了晚上就只想瘫在沙发上看视频或玩游戏；周末明明睡了十几个小时，起床后却感觉更加疲惫，一点儿也不愿思考，那些培养兴趣、充电学习的念头只能停留在愿望的阶段；对工作感到疲惫和缺乏动力，想通过旅游、休假来改变状况，但总是无法彻底放松，反倒把自己折腾得疲惫不堪。

如果你正处于这样的状态，那么你可能并不是缺乏时间，而是缺乏精力管理。此时，即便你把日程表全都填满，指望靠毅力来逼自己专注和高效，也很快就会感到疲惫，显得力不从心。

很多时间管理高手都很注重精力管理，他们并非一味地埋头工作，而是知道，即便拥有野心勃勃的行动计划、完美的日程表，当精力不济时，这些都会不堪一击。

Lachel，也被称为 L 先生，是一名在新媒体平台上被几十万人关注的个人成长践行者。他不仅长期专注于心理学和心智成长方面的研究，日常的学习还涉及教育、文化、科技等领域。有读者问 Lachel："你事情这么多，还要读书、写作，是不是每天都要工作十几个小时呀？"

Lachel 这样回答："我最擅长的不是写作，不是项目和知识管理，而是……偷懒。"他曾在文章中写过，他会将高效工作之后节省出来的时间毫不客气地"挥霍"掉，用以休息、读书、陪家人或者发呆和思考。经过这样的"有效休息"，他就不会透支自己，而是调整大脑的状态，让大脑从忙碌之后的耗竭恢复到最高的运转水平，这样他才能够在工作时保持专注且高效的状态。

由此可见，精力管理是时间管理中非常重要的一环。而要做好精力管理，我们就需要了解自己的精力周期，摸索出在工作与生活中帮助自己保持精力充沛的方法，并学会通过合理的运动与睡眠让自己快速恢复精力。

4.1 精力周期法：找到你的效率高峰期，精力充沛才有高效能

有一句话是这样说的，在你追求有效的时间管理的过程中，并非所有时间都是相同的。这句话蕴含的道理是，我们在不同时间的效率本来就是不同的，某些时候，我们感到做事效率很高；有些时候，我们却感到做事效率很低，甚至毫无效率。因此，只有根据精力周期来安排工作，才能达到事半功倍的效果。

畅销书作家丹尼尔·平克（Daniel Pink）就是一个善于根据自己的精力周期来安排工作的人。丹尼尔·平克曾被评为全球 50 位最具影响力的商业思想家之一，身兼作家、演讲人、未来学家、特约编辑等多个角色。尽管他身边许多和他一样身兼数职的大忙人都有熬夜的习惯，作家中更是不乏习惯在黑夜中寻找灵感的人，但丹尼尔·平克很早就意识到，晚上是他效率最低的时段，他只有在早上做一些需要脑力劳动的活动，才不太可能被分散注意力。当他打算写作的时候，他会充分利用醒来后的精力高峰期，即在早晨进行需要集中精力的工作。下午是他需要恢复精力的时段，他会去处理一些不用过多思考的任务，比如回复邮件、归档整理和浏览信息。

社群商业战略专家"剽悍一只猫"的精力周期则正好相反，他在自己的书中写过，上午他的工作效率很一般，下午还行，晚上的工作效率最高。在他没有觉察自己的精力周期以前，他经常大晚上出去吃夜宵，后来他意识到，这样不仅对身体不好，同时也浪费了大量的高效时间。于是他开始调整工作节奏，用晚上的时间来做高价值的事情。此后，他的绝大多数文章是在晚上写出来的，他的很多方案也是在晚上想出来的。

由此可见，我们每个人的精力周期都是独特的，需要我们在生活与工作中有意识地观察和总结。不过有专家曾经按照 4 种动物的睡眠特性来区分不同人群的精力特质。这 4 种动物分别是熊、狮子、海豚和狼。这个分类方式可以作为我们了解自己精力周期的参考。

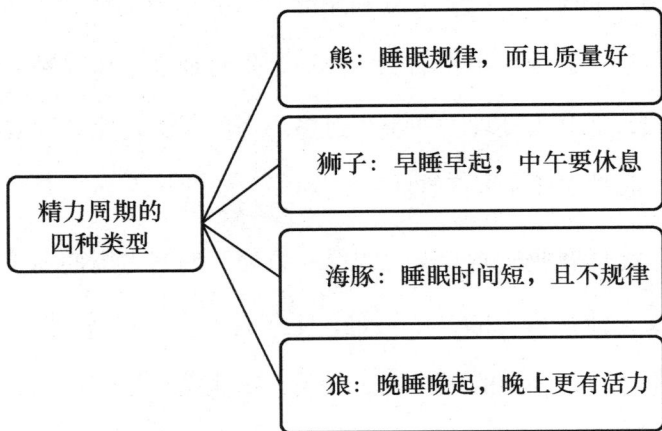

```
                        ┌────────────────────────────┐
                        │  熊：睡眠规律，而且质量好      │
                        └────────────────────────────┘
                        ┌────────────────────────────┐
                        │  狮子：早睡早起，中午要休息    │
┌──────────────┐        └────────────────────────────┘
│  精力周期的    │        ┌────────────────────────────┐
│  四种类型      │        │  海豚：睡眠时间短，且不规律    │
└──────────────┘        └────────────────────────────┘
                        ┌────────────────────────────┐
                        │  狼：晚睡晚起，晚上更有活力    │
                        └────────────────────────────┘
```

1. 熊

熊的睡眠遵循昼夜交替规律，它们几乎不会熬夜，而且睡眠质量很好。

如果你的睡眠周期通常在 23:00—7:00，这段时间没有入睡就会感觉头晕目眩，思维能力显著降低，那么你多半属于"熊型人"。

通常而言，"熊型人"的最佳工作时间是 10:00—14:00，他们应该在下午两三点之前完成最紧急的任务。到了晚上，他们要调整自己的饮食与活动，不宜太晚入睡。如果夜间睡眠不足，他们就需要在午餐后睡个午觉，才能恢复精力，为下一阶段的工作做好准备。

2. 狮子

"狮型人"通常喜欢早睡早起，他们早晨精力充沛，能迅速进入工作状态，但是，他们中午就会感到精力不济。所以，如果你是喜欢早起的"狮型人"，那么你的最佳工作时间是 8:00—12:00，并且你应在中午稍作休息。

"狮型人"既然起得早，晚上就应该睡得早，睡眠周期以 22:00—6:00 为最佳。建议在头一天晚上大致安排好工作，这样当你醒来的时候，就知道要做什么，也就不会浪费时间去计划，从而可以及时抓住精力的最高峰时段完成最重要的工作。

3. 海豚

"海豚型人"似乎有些特别，他们大多数较难有十分规律的睡眠，睡眠时间较为短暂，精力波动较为频繁。许多工作特别繁忙、压力较大的人都表现出"海豚型人"的特征，他们在任何时刻都有可能感受到精力值忽然降低，短暂休息之后又会重新精神焕发。

如果你是"海豚型人"，还是应尽量在 23:00 左右入睡，23:00—6:00 是比较理想的睡眠周期，而你的精力高峰大多会出现在 15:00—21:00。由于"海豚型人"容易出现精力波动，因此工作中有了任何想法都要及时做好记录。

4. 狼

"狼型人"早上起床晚一些，其精力往往会更充沛，他们一般会在晚上迸发出活力和创造力。

如果你是"狼型人"，大多会在晚上感到思路清晰、灵感丰富，只好推迟几个小时去睡觉，你应在这期间完成创造性的工作，而不是强迫自己躺在床上。

比如，中国科学院院士、诺贝尔物理学奖获得者杨振宁就多年保持着深夜工作的习惯，《杨振宁文集》中记录，他有时半夜起床，准备文稿，往往一写就是一两个小时，他总是说，一有好的想法就睡不着了。这个习惯一直跟随了他几十年。

需要说明的是，我们的精力周期并非一成不变，而是会随着年龄、经历、身处的环境，或某段时期的生活或工作状态的变化而改变，所以，我们也需要阶段性地重新审视及了解自身的精力周期。

4.2 莫法特模式：调节精力节奏，长时间工作不疲惫

无论我们的精力周期属于哪一种类型，我们都必须面对一个事实——我们的时间并非完全由我们自己来掌控，大多数人需要与团队协作工作，这就意味着我们并不能完全按照自己的精力周期来安排所有的工作，而

是要学会调节精力节奏，以确保在一定的时长内持续地工作。

根据研究，如果人的脑力和体力长时间持续投入同一项工作内容，大脑活动能力就会减弱，从而使人感到疲劳、精力涣散。但如果我们在中途改变工作的内容，就会产生新的"兴奋灶"，这样身体就能得到有效的调节和放松。

"莫法特模式"就运用了这样的原理，它指的是为了避免长时间工作导致精力不济，影响工作效率，我们可以通过变换思考模式、变换思考角度，或用动静交替的方法来调节精力节奏。

莫法特模式是詹姆斯·莫法特（James Moffat）提出来的，他工作时会在书房里放3张桌子，第一张桌子上放的是正在翻译的译稿，第二张桌子上放的是一篇论文稿，第三张桌子上放的是正在写的一篇侦探小说。他就这样从一张书桌换到另一张书桌，因为工作的性质不同，他用这种方法在长时间的工作中主动调节自己的精力节奏，既没有停止工作，又不会出现难以克服的精力匮乏。

哲学家卢梭也善于运用这种精力调节方式，他说只要工作的时间稍微长一点儿就会觉得身心疲倦，而且自己只要专注处理一个问题超过半个小时就会开始觉得累。于是卢梭让自己不断地处理不同的问题，这让他的大脑保持轻松愉快，事实上他的工作并没有中断。

1. 不同思考模式交替

通常老师会建议学生在复习功课的时候，交替复习抽象的数理化科目与形象的文史类科目，两者不同的思考模式可以避免大脑疲惫。工作中同样可以借鉴这样的思路，将规划类任务与操作类任务交替进行，沟通类任务与思考类任务交替进行，项目类任务与事务类任务交替进行，这样做能够缓解大脑的压力，帮助我们保持精力充沛。

2. 不同思考角度交替

比如我们在读一本书时，从头读到尾难免会感觉枯燥无味，产生疲倦感，此时可以试着打乱顺序，从自己感兴趣的地方读起，或者干脆从后面的章节开始往前读，根据不同的内容切换思考的角度，我们就会发现自己又能够逐渐集中精力了。

青年作家彭小六根据自己多年的实践经验开发了"洋葱阅读法"，帮助更多人爱上阅读。他所推广的阅读方法就不是从头到尾读完一本书，而是包括碎片阅读、快速阅读、主题阅读、深度阅读等不同角度的阅读方法，适用于不同阅读需求，从而提高阅读效率。

不同的书或同一本书中谈到的不同的问题，都会因思考角度的变化引发大脑不同的兴奋，同时达到精力调节和提高效率的目的。这样的方法也可以应用到工作与生活的其他方面。

3. 动与静交替

如果完成一件事情需要较长时间静坐，那么就要偶尔改变姿势或变换地点。这就好比坐着读书累了，可以缓步走着读，或者换一个地点读，都能够帮助我们维持精力。

职场人难免会遇到开会时间过长、感到疲倦的情况，如果不发言，你会发现自己越来越精神不振。这种现象是有科学依据的——我们在倾听时，使用的是大脑中的听觉皮层，但与此同时，大脑的视觉区和运动区都没有工作，我们就容易陷入极度的无聊，会不受控制地想东想西，这对精力也是一种消耗。这时候我们可以试着"动起来"，最简单的方式就是动笔写，哪怕只是随手记录几项会议的要点，也会比"安静地听"更能集中精力。

4.3　休假三阶段：做好规划，拥有高质量精力恢复期

网飞（Netflix）是全球知名的流媒体内容平台，这家公司仅用 20 多年，就拥有了全球 190 多个国家和地区的 2 亿名付费会员，从而备受瞩目。网飞创始人兼 CEO 里德·哈斯廷斯（Reed Hastings）曾在《不拘一格》一书中讲述了网飞对员工休假的重视。

首先，里德·哈斯廷斯自己就不是一个工作狂，他一年

至少安排 6 周休假，合作者及同事们都了解他悠闲自得且全然投入的休假风格，他经常不是在阿尔卑斯山徒步，就是和妻子在意大利游玩，甚至带着员工去斐济潜水。在他的管理之下，员工休假制度十分宽松，既没有休假时间的规定，也没有休假时长的限制，只要提前跟领导报备，就可以休假。

休假具有极其重要的调节精力与体力的作用，越是需要发挥个人创意的职业，越是无法疲劳作战，而长时间无法休假的员工也可能会对工作的意义产生怀疑。因此，成熟的公司都会注重保障员工合理的休假权利，这也是职场人应有的权益。

但相信很多职场人都有这样的体会，有时候休假非但没有起到有效恢复精力的作用，反而让人心浮气躁。比如，休假时"身在曹营心在汉"，人在旅游景区里闲逛，却还在不停地接电话、回信息、处理工作事务。还有一些人，他们的休假方式是"睡过去"，或者是每天打游戏"玩过去"，结果发现人越来越懒，休假变成了对意志的消磨，休完假回到工作岗位时整个人都显得有些迟钝。这种现象恰恰说明这是低质量的休假。

高质量的休假应该像一次充电，休假结束后，人在很长一段时间内感到精力比较充沛，思维比较活跃，效率也会比休假前有所提高。我们如果想让自己拥有这样高质量的假期，就要做好"休假三阶段"的规划。

1. 休假前，冲刺工作，完成交接

在正式休假以前，我们需要完成重要工作，并交接工作，这可以降低休假期间被打扰的概率，也可以避免休假结束后工作积压。

列出优先处理的任务。休假前，我们可以通过清单来列出可能会影响休假的任务，将它们作为这个阶段的优先处理项，并确保专注完成清单上的任务，不被临时出现的工作干扰。因为休假日程已定，而拖延会导致工作量和压力的增加，让休假很难尽兴。

通知他人。至少提前一个月告知上司、同事和客户，让他们知道我们开始休假的具体日期。委婉地告诉重要的

客户或关键岗位的同事，我们计划在休假期间限制电子设备的使用。但是对领导，最好的方式仍是在休假前把工作安排妥帖，表示我们为休假做了充分的工作准备。

完成交接工作。在大多数公司，领导会安排好下属休假期间的工作承接人，他们可以在我们休假期间代为完成部分工作。但是我们仍然需要出具一份正式的文字交接清单，告知承接人具体的工作内容，以便他们接手工作，还要顺便在交接邮件中表示感谢。

整理办公桌。这听上去似乎没有必要。其实，整洁的办公桌会给他人留下好的印象，让他人相信这张办公桌的主人是在完成所有工作后才开始休假的，而且我们休假回来看到一个整洁的工作环境，心情会更好。

2. 休假中，全情投入，达成目的

确定休假目的。也许有些人难以接受，好不容易休个假，怎么还得有目的呢？当然需要，要知道，我们只有根据自己的状态来规划休假的目的，才能拥有一段高质量的精力恢复期。

有的人属于思维疲惫，对他们而言体力休息不是排在首位的，多睡并不能让他们恢复思维精力，他们需要的是散步、放松、读书等，需要新的环境和信息给他们的思维补充养分。有的人属于心态疲惫，他们缺乏的是意志力和精力，需要寻找意义感，去学习、交流、开拓视野，而休假在家睡懒觉或玩游戏只会起到反作用。

放下工作投入休假。 无论是哪一种休假目的，我们都应该限制使用电子设备，若非遇到紧急的事情需要处理，都要尽可能完全放下工作。也许有人会担心如果他人无法联系到自己，会导致人际关系受到影响。其实，这些问题应该放在休假前通过交接工作来解决，在休假中就以休假目的为先。

3. 结束前，设置缓冲，调整状态

制订计划。 在休假结束前给自己一个缓冲期，这个缓冲期可以是几个小时或者一天，期间可以通过与同事或领导沟通，了解待办的工作任务，根据情况进行预处理，这可以避免我们回到工作岗位后因处理在休假期间产生的新

任务而忙乱。

重新制订任务优先级。与休假前相比，任务优先级可能发生了变化。提前整理好第一天的工作中需要优先处理的任务，这可以让自己提前进入半紧张的工作状态，以良好的精神状态回到工作中。

4.4 规律锻炼：养成运动的习惯，精力更充沛

许多人觉得锻炼身体是一件痛苦的事情，尤其是在冬天，还不如躲在温暖舒适的被窝里多睡一会儿。即便有时想要适当地运动，但是工作一忙，就又停下来了，偶尔的不运动慢慢变成几个月不运动，然后就完全不再运动了。于是，"工作太忙"就变成了我们懒于运动常见的借口。

其实，规律地锻炼身体，培养运动的习惯，可以缓解长期伏案导致的身体不适与心理疲劳，让我们因为好的身体状态而精力更充沛。因此，很多成功人士并不因为工作繁忙就放弃运动，相反，他们中的很多人养成了规律运动的习惯。

星巴克的创始人霍华德·舒尔茨（Howard Schultz）和苹果公司 CEO 蒂姆·库克（Tim Cook）每天早上起来必做的事情就是运动，配有健身房成为他们预订酒店的一个标准。

主持人白岩松到了 50 岁，身形依然挺拔，根据《人物》杂志对他的专访，他喜欢跑步，中年以后每次还能跑六七公里，每周三下午踢球，他坚持了十几年。

作家是主要依靠脑力工作的人群，然而不少知名作家认为运动的习惯能为他们长期创作提供体能基础。比如《三体》的作者刘慈欣每天除了固定有至少 4 个小时的阅读时间以外，每天早上游泳也是他雷打不动的习惯。村上春树为了维持体能，坚持每天跑步，从一个从不运动的人，到最后能花 3.5 小时跑完全程马拉松。

由此可见，即便是在工作繁忙的情况下，想要培养运动的习惯也有方法可循。

1. 方便为先，快速行动

面对有些艰难的任务，无论是发自内在的兴趣，还是迫于外在的压力，自信心对完成这项任务而言都非常重要。所以，作为运动新手，一直不尝试会让你在心理上更加畏惧挑战，从而失去信心，这个时候，能帮助我们在行动中建立自信的方法应该是"怎么方便怎么来"。

比如村上春树，他从小对体育课不感兴趣，不愿尝试任何运动。普通人处于这样的情形中，也许根本无法开始。但是村上春树决定锻炼时列了几个条件：不需要同伴；不讲究器具和装备；不需要特殊场所；不是速战速决的体育项目。最后确定进行"最方便"的运动——跑步。这样，他遇到的客观阻碍较少，每天沿着家附近的小路就开始跑。一旦开始行动，我们就会着眼于解决困难，而不会在观望和拖延中因为想象把困难放大。

如果你觉得户外运动容易受到天气影响，那么运动软件为我们提供了室内运动的便利，比如 Keep App，它根据不同的运动强度设计了不同时长、不同内容的运动视频，还支持量身定制运动计划，供不同需求的人群选择。

2. 融入环境，对抗孤独

不可否认，的确有不少人是难以忍受独自运动的，他们需要外界环境的约束来帮助自己培养习惯，比较好的方式就是寻找合适的集体环境，每周在固定的时间去锻炼，比如去健身房。

当然，"健身卡只用一次"的情况也屡见不鲜，为了降低这种情形发生的概率，所选择的健身房最好同时具备 3 个条件：

第一，距离办公室或者住家比较近，且交通便利；

第二，环境干净舒适，更衣室及淋浴设备均能满足你的要求；

第三，稳定运营较长时间，这样的健身房很少会"跑路"，而且积累了一定数量的会员。

对于喜欢社交和群体氛围的人而言，这样的健身环境能够帮他们对抗孤独，为他们带来更多运动的乐趣。

具备了合适的健身环境，我们还要用心选择运动项目。

大多数人上班产生的疲劳都是心理疲劳，而一项自己喜爱又适合自己身体情况的运动项目，不仅有利于坚持，还能让我们的精神很快得到放松。

比如当下在许多大城市，越来越多女性喜欢拳击运动。2020 年的一项消费调查显示，拳击手套的女性购买量翻了一倍。因为拳击运动有标准化的防御策略，长期练习能增强女性核心力量，还会提升反应力、耐力、勇气，而互相配合的练习方式，以及会员共同的运动爱好，让拳击馆甚至成了一些女性聚集的场所，这样的运动往往会陪伴她们较长的时间。

运动贵在坚持，当你坚持规律锻炼两三个月后，你也许会发现自己喜欢上了运动的感觉，可能不运动就全身不舒服，而且不管是生活还是工作，都不再容易受到体能不足、精力不足的阻碍了。

4.5 合理休息：健康睡眠，适时调整，快速恢复精力

合理休息既包括健康的睡眠，也包括在睡眠以外的时

间采取灵活的放松方式。下面我们就来具体说一说如何合
理地休息才有助于恢复精力。

1. 营造良好的睡眠环境，保证充分的睡眠

睡眠让人类的大脑与身体充分地休息，是最不可忽视
的精力恢复方式。为了达到完美的睡眠质量，有的睡眠专
家制订的睡眠方案简直到了苛刻的地步。

比如尼克·利特海尔斯（Nick Littlehales），他 20 年
来一直在为顶级运动员提供睡眠方案，其中著名的客户是
足球巨星克里斯蒂亚诺·罗纳尔多（Cristiano Ronaldo）。
尼克在接受《独立报》采访时曾说过，他为罗纳尔多制订
的睡眠方案不仅包括每天 5 次 90 分钟的严格睡眠周期，
还包括对床垫的厚度、睡觉的姿势、房间的温度等诸多细
节的要求，并认为这是罗纳尔多长期保持良好状态的"秘
密武器"。

当然，同样的睡眠要求很难完全复制到每个人身上，
但是我们也可以通过一些具体的做法提高睡眠质量、恢复
精力。

入睡前关闭电子产品。罗纳尔多睡前需要一个半小时进行睡眠准备工作，其间他会关掉手机，不看任何电子产品。俄罗斯世界杯上，巴西教练蒂特也明令禁止球员夜间玩手机。可见使用电子产品对睡眠是有影响的，我们自己应该也深有体会，睡前玩手机会让我们的睡眠时间推迟。

营造舒适的睡眠环境。凉爽、黑暗、安静的房间更有助于睡眠，我们可以在睡觉前 30 分钟调暗或关闭灯光，使身体和心情平静下来，为睡眠做准备。如果你无法避免噪声和光线的打扰，可以使用眼罩和耳塞来确保环境的安静。

进入放松模式。我们有时会因工作压力大或加班过晚，越是疲惫越睡得不好，晚上睡觉似乎总在半梦半醒之间。为了能在睡前充分地放松，晚上睡个好觉，我们尽量不要工作到睡前最后一分钟，应该在睡觉前至少 30 分钟进入放松模式，比如看书、听音乐等。

保持规律的午休。午休的作用常常为人们所忽略，但研究睡眠的科学家发现，即便是午间打会儿瞌睡也能为你的大脑充电。易效能时间管理机构创始人叶武滨曾告诉自己的学员，应该保持每天午睡的习惯，且午睡时长以 40 分钟为最佳，超过这个时长人就会进入深睡眠阶段，反而会在醒来时迷迷糊糊的。他还会在睡眠时佩戴智能手环，手环可以监测睡眠情况，在浅睡眠阶段就把他唤醒，让他醒来时的状态更好。

2. 利用碎片时间调整状态，学会主动休息

效能心理学家吉姆·洛尔（Jim Loehr），也就是《精力管理》一书的作者，花费了数百个小时研究优秀竞技运动员跟普通运动员之间的差别，结果发现，出现差距的原因之一是优秀竞技运动员往往会抓住一切可以利用的间隙恢复精力。有的运动员会慢慢把头和肩膀摆正，调整视线；有的运动员会使用特殊的呼吸方法来放松；有的运动员则会喃喃自语。

这项研究的成果可以应用在我们的工作与生活中，我们在意识到自己的大脑过度活跃、精力逐渐涣散时，也应

该利用碎片化的时间进行休息，让自己的精力快速恢复，可以采取以下几种方式。

散步。当我们感觉到疲惫时，不妨短暂地离开座位，到走廊散散步，即便是在办公室内，只要靠近窗前来回踱步，也会比一直坐着强。上文提到过，动静交替更有利于恢复精力。

假如能离开办公环境到户外散步，那就更理想了。自然环境能让心灵得到抚慰，比如美国作家艾默生就十分喜爱在户外散步，他认为这是他灵感的来源。

听音乐。如果你在休息时总是忍不住打开电子产品，那听一首歌曲要比玩一局游戏更有助于恢复精力。

许多高强度工作的人都提到了音乐对他们恢复精力的辅助作用，比如《精力管理手册》的作者张萌就时刻备着一副品质很好的耳机，确保自己需要短暂休息时能听到音质上乘的音乐。

聊天。有的人习惯从独处中获取能量，而有的人则更喜欢从与他人的交流和相处中获取能量，对后者而言，聊天也能帮助他们恢复精力。

找到与我们观点一致的朋友，愉快地与之聊一会儿天，当我们重新回到座位上时，会发现自己身心愉悦，得到了很好的放松。

轻食。吃东西也是放松的一种方式，需要注意的是，不要食用过于丰盛的碳水化合物或者添加了过多香精的饮料、甜品，这样反而会加重消化的负担，让精力下降。我们可以在休息时间喝柠檬水、花茶、咖啡，吃坚果之类的健康零食。

▶ 第5章 管理情绪，别让
负面情绪削弱你
利用时间的
能力
FIVE

　　无论我们是想要高效率地实现工作计划，还是专注于某件事情，都需要一定的自控力，而当一个人有了负面情绪时，其自控力就会大大减弱。心理学家普遍认为，负面情绪（negative emotion）指的是焦虑、紧张、愤怒、沮丧、悲伤、痛苦等情绪，人们之所以称这些情绪为负面情绪，是因为这类情绪带给我们的体验是不积极的，会让我们的身体感到不适，严重者甚至会影响工作和生活的顺利进行。

　　负面情绪是大多数人在时间管理的过程中难以避免的，因此我们所说的管理情绪，主要强调的是如何识别、控制负面情绪，降低负面情绪产生的概率，不让负面情绪成为我们高效利用时间的阻碍。

　　善于管理情绪也是许多成功人士的特点，他们每天面对的工作比普通人更为繁杂，做出的决策也影响深远，因此必须更加迅速和准确地处理个人与团队的工作任务，不能任由负面情绪耗费时间与精力，而且要降低因负面情绪导致决策错误的概率。

　　崔璀是亲子与女性成长自媒体 Momself 的创始人，她曾担任民营财经图书出版公司蓝狮子的 **COO**，著有职场类畅销书《做自己人生的 **CEO**：人人都需要的管理术》和《深度影响》。

崔璀大学还没毕业就在一家出版公司实习，在一次活动的统筹中，因为沟通问题，崔璀把一个作者的职务写错了，老板非常生气，严厉地批评了她。崔璀既委屈又难过，她跟朋友说自己打算做完活动就辞职。

后来经过朋友的开导，崔璀意识到，自己正陷入负面情绪之中，不但没有客观地分析应如何处理这次事件，还消耗了自己的精力。在这样的情况下，她没有办法与任何人合作，也想不出解决方案，工作的效率是非常低下的。

平复情绪之后，崔璀向作者解释了自己的过失，也在其后的工作中更加小心。当活动完美结束后，她发现老板并没有因为一次错误就不依不饶，而是表扬了她做得好的地方。

后来因为工作关系，她接触到了很多成功的企业家，也读了很多心理学和管理学相关的书，越来越意识到情绪管理是一个人的自我管理中较为重要的一环，于是将情绪管理的内容纳入她研发的管理课程之中。

作为普通人，我们很难时刻都处于冷静的状态，但我们需要去了解情绪，通过学习一些方法帮助自己在处理问题时既不轻易冲动，也不因自我怀疑而裹足不前，同时更好地应对工作与生活中随时都可能产生的压力，并通过健康的人际关系获得正能量。这样，我们就不会长时间陷入负面情绪，在遭遇负面情绪时也能保持基本的理性，把宝贵的时间与精力用于解决问题。

可以说，善于情绪管理的人，他的时间管理更高效，也更容易取得事业上的成功。

心情不好，什么也不想干……

负面情绪是时间管理的一大阻碍哦。

5.1　重建认知：六大原则，帮你了解自己的情绪

情绪管理的前提是通过科学的原则了解自身的情绪，当遇到负面情绪时，我们只有先识别，才能有效地控制或排解。美国临床心理学家兼作家尼克·维格诺（Nick Wignall）花费了大量时间研究人们如何管理情绪，他总结了让情绪更加澄明的六大原则，以帮助我们清晰地了解当下的情绪。

原则一：用直白的语言描述你的情绪

要想了解自己的情绪，第一步是学会分辨和理解自己的感受，直白地描述自己的情绪。

先做一个小测试，看看你有多擅长描述情绪。在 60 秒内尽可能多地说出不同的情绪词，比如恐惧、悲伤、喜悦、愤怒、内疚……说出 10 个情绪词是平均水平，有的人能说出 20 个以上，他们通常比较擅长描述情绪。

不擅长描述情绪的人往往只能笼统地概括情绪的表现，无法进一步分辨感受。比如，"生气"的情绪家族中包括了

烦躁、怨恨、沮丧等情绪词，而"恐惧"的情绪家族中，包括了焦虑、担忧、受惊等情绪词，它们带来的感受是有差异的。

只有直白准确地用情绪词描述情绪，我们才能明白引发情绪问题的根本原因。

原则二：用品尝鸡尾酒的方式来辨别你的情绪

情绪是复杂的，我们常常同时经历着多种情绪，它们就像一杯混杂着各种酒精饮料的鸡尾酒。如果我们一口饮尽，大概就说不清楚个中滋味了，建议放慢速度，让自己尝试分辨不同的"成分"。

比如，当看到孩子糟糕的成绩时，你意识到自己生气了，但是生气只是你感受到的最强烈的情绪，也许你的情绪中，还有这段时间自己忙于工作而疏于照顾孩子的沮丧，还有对伴侣没有为你分担家务的失望，还有在老师与其他家长面前感受到的羞愧，甚至有对未来的担忧，等等。

只有主动去"品尝"和发现情绪的多样性，我们才能找到解决问题的方案。

原则三：区分肢体感受与情绪表达

有些负面情绪其实是由对肢体感受的误读所导致的。比如，有的长期处于高压环境的人遇到胃痛或头痛等情况，会把这些病痛解读为焦虑的表现。结果就是，他们开始为焦虑而焦虑，这反过来又导致他们的肢体感受更糟糕，情绪上也更焦虑。

但是，当你感觉有点儿胃疼，也许是因为你有一段时间没有进食；当你感觉肩膀有点儿紧张，也许是因为伏案工作时间过长；当你感觉有点儿头疼，也许只是因为昨晚没有睡好。

所以，要将肢体感受与情绪表达进行区分，不要总是把情绪当成身体变化的源头。

原则四：给情绪评分

当产生负面情绪的时候，你可以通过给自己的情绪评分来理解情绪的强度。评分范围为 1 ～ 10，评完分后去忙其他的事情，不要关注和干扰自己的情绪感受。计时 3 分钟，结束后重新评估情绪，这样重复 3 ～ 4 次。

这个练习是为了让我们获取情绪感受强度与时间之间的关系数据，它能帮助我们明白情绪并不会持续很长时间。情绪本质上就是强烈并短暂的，因为我们想得太多，才会让情绪恶化并持续很久，这样的认知能够帮助我们更平静地对待负面情绪。

原则五：知道自己的情绪氪石

"情绪氪石"（氪石（Kryptonite）是《超人》漫画里的一种虚构物质，此处是一个比喻）就是指我们特别害怕和试图避免的某种负面情绪。

在国外有一个人，有时会像有强迫症一样检查自己的身体，看有没有什么病症。后来医生了解到，她这样做的原因是她经历了一些非常痛苦的时刻，她在潜意识中利用患病的可能性来避免感到悲伤，虽然这令她感到焦虑，但在她看来，这比悲伤要好过一些。"悲伤"就是她的情绪氪石。

只有找到自己的情绪氪石，我们才能发现潜藏的真相，从而真正地面对负面情绪。

原则六：承认自己有情绪

大多数人倾向于否认或掩饰负面情绪，但是，任何情绪本身并不是坏东西，即使负面情绪让我们感觉很不好。一旦我们把情绪当成问题，我们的大脑就会把负面情绪当作威胁，于是产生更多的负面情绪。正确的做法是用"情绪确认"替代"情绪问题化"，也就是说，先不要急于说"我很好""我会好起来""我没事"这样的话，这会让自己觉得当下的情绪是个"问题"，需要尽快解决，反而不利于平复心情。

最好的方法是先简单地承认"我有情绪"，我们会发现承认自己有情绪也没有什么大不了的，这时候我们才会从负面情绪中走出来，去思考解决问题的方案。

上述情绪管理六大原则解决了情绪管理的底层问题，如果我们没有完成这一解读情绪、面对情绪、接纳情绪的过程，任何情绪管理的技巧都难以得到有效的运用。

5.2　克制冲动情绪：转移注意力，冷静应对冲突关系

冲动是一种典型的负面情绪，大多数人在冲动之下往

往容易失去理智而做出一些违反常理的事情，等到事情发生后，又会为付出的代价而后悔。很多情况都可能让一个人变得冲动，但最为突出的情况就是置身于冲突关系之中。

在职场上，能够管理好冲突关系（也被称为冲突管理），被视为优秀职场人的基本技能之一。因为当不同背景、不同性格、不同职位的员工在一起协作时，他们的立场与处理问题的差异性会成为冲突关系的诱因。

比如，领导和下属对于绩效考核的意见不一致；领导要求严格，下属却觉得领导在"挑刺儿"；两个同事讨论问题，一方觉得对方不讲道理，另一方觉得受到了侮辱。这样的情况，往往容易激发我们的冲动情绪，如果我们不能学会冷静地应对，就容易变得激动易怒。而且，冲动情绪会直接影响对方的情绪，当双方都不能够理性解决问题时，就容易变得针锋相对，同事之间可能发生争吵，甚至长时间关系紧张，整个团队的工作效率就会下降。

所以，我们应该学习一些积极有效的方法来克制冲动情绪，缓解及避免冲突。

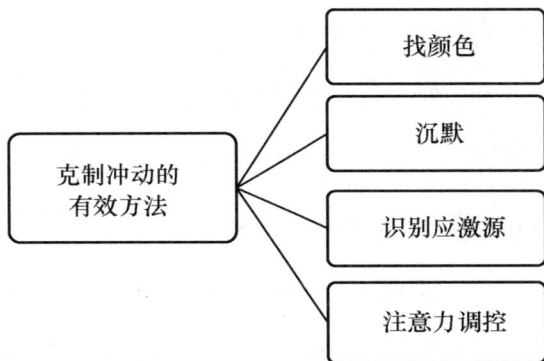

```
                              ┌──────────────┐
                              │    找颜色     │
                              └──────────────┘
                              ┌──────────────┐
                              │    沉默       │
┌──────────────┐             └──────────────┘
│  克制冲动的   │
│  有效方法     │             ┌──────────────┐
└──────────────┘             │  识别应激源    │
                              └──────────────┘
                              ┌──────────────┐
                              │  注意力调控    │
                              └──────────────┘
```

1. 找颜色法

这是一种给情绪降温的有效方法。比如，当领导对你大吼大叫时，你潜意识里可能想回击"你才不懂呢"，但如果你冲动之下脱口而出，后果可想而知。

此时，你可以环顾四周，默念周围物品的颜色，比如，白色的墙、棕色的沙发、蓝色的水杯、绿色的植物……这样持续 30 秒后，你会觉得自己的情绪逐渐冷静了下来，经过短暂的缓冲，你的想法会发生改变：领导在气头上，等他冷静后我再跟他解释清楚。

2. 沉默法

冲动情绪就像一匹马，往往来得快，去得也快，只要自己紧紧握住缰绳，就能设法制服它。

当面对冲突时，选择反唇相讥，甚至用拳头表达愤怒，很可能弄得两败俱伤。用沉默来对抗心中的冲动反而是明智的做法，只要你不为对方所动，就不会被情绪所害。

比如对方不讲理或者讥笑、嘲讽你时，你既可以在心里默念"我不生气""我不在意"，也可以在心里默念诗词或文章等，还可以在家里或者办公场所比较醒目的地方贴上座右铭，这样可以随时提醒自己克制冲动。

3. 识别应激原法

星巴克为了提升员工应对形形色色客户的能力，在其正式入职前，会对员工进行模拟现实演练，帮助他们识别真实工作中可能遇到的应激情境，并给出惯常的解决方案，让员工充分练习，直到他们能够自发地采用这些应对方式，这样他们在遇到冲突时更容易控制自己的冲动情绪。这就是"识别应激原法"，找到重复刺激我们产生情绪反应的因素，并提前准备合理的应对方式。

这个方法提示我们，只要有意识地练习，久而久之，原本笨拙的应对就会变成习惯，再遇到同样的情形就会习以为常，不再容易产生情绪波动，从而能有效控制我们的冲动行为。

4. 注意力调控法

如果把人的注意力比作一台摄像机，那么镜头对准哪里，人就会关注哪里。而你的关注点会影响你的认知、心态和情绪。

樊登读书会的创始人樊登经常给读者推荐经典的情绪管理类书籍，他自己也是一位情绪管理能力很强的人。有一次他赶飞机，进了机场高速的收费站，开始堵车。司机都着急了，不断地道歉，担心他赶不上飞机。有的人遇到这种情况，一心只想着误机带来的损失，可能会感到生气，要么指责司机开车太慢，要么迁怒于交通状况，如果身边有同伴，说不定还会互相埋怨，以致引发争吵。可是樊登却很镇定地说："没关系。"他还反过来安慰司机，急也没有用，飞机该飞就飞啦，即使耽误了事情，那也是"因缘注定"。结果，到航站楼一看，飞机晚点一个半小时，正好赶上了。

樊登之所以能不急不躁，是因为他长期练习让自己的注意力集中在影响圈之内。

影响圈内的事情是我们力所能及、可以改变的；超出影响圈的事情，我们可以议论，却无法改变。我们的负面情绪大多来源于无能为力，此时我们可以试着调控注意力，关注影响圈以内的解决方案，专注于解决问题反而不容易情绪失控，即便影响圈以内并没有什么可做的，我们的大脑也会因为经过了理智思考而不再冲动。

5.3 倒 U 形曲线法则：变压力为动力的平衡法

压力是许多人产生负面情绪的源头，但适度保持压力却对我们提高效率有帮助。

心理学上有一个著名的理论叫"倒 U 形曲线法则"，这个理论常被用来描述人的动机强度与工作效率的关系。当人做事的动机不足或过分强烈时，工作效率就会大打折扣；只有当动机强度处于中等水平时，人的工作效率才最高；

而人的动机强度又是与压力强度密切相关的，压力过小或过大都不好，压力适度才有助于触发中等强度的动机。

史蒂夫·乔布斯（Steve Jobs）作为苹果公司的创始人，传奇的企业领袖，他的管理风格很好地诠释了压力有助于提高效率。

和乔布斯共事会承担多大的压力呢？

乔布斯在硅谷被称为"变态的老板"，他是一位控制欲极强的极端完美主义者，不能忍受任何为了让产品及时面市或为了压缩成本而做出的妥协，以经常严厉批评和开除员工闻名。

他曾说过："多年以来，我发现，当你拥有真正优秀的人才时，你不必对他们太纵容。他们会告诉你，那些痛苦都是值得的。"

然而，为什么依然有那么多的人才围绕在乔布斯身边呢？因为乔布斯的苛责与尖锐也有好处，那些没有被他"摧毁"的人往往能更高效地完成工作，既是出于畏惧，也是意识到自己身上背负着这样的期待；而且他们能够逐渐磨炼出一套应对乔布斯的方法，态度坚决地进行正面对抗，说服乔布斯。苹果公司的许多员工也因此变得更有工作自信，可以完成看上去不可能完成的事情。

这恰恰印证了倒 U 形曲线法则，适当的压力能提高一个人的工作效率，而过度的压力会压垮无法适应的人。

那么，如何让自己保持适度的压力，既不会产生负面情绪，又能够提升工作效率呢？方法就是平衡工作难度。

1. 在难度较低的情况下，增加工作量

我们在处理较简单的工作时，也许一开始动机较强、效率较高，但如果工作重复、毫无变化，我们的动机就会减弱，导致效率降低，这时候就容易产生无聊或者厌倦的负面情绪。

所以，当工作难度不大时，不妨给自己加大工作量，一旦任务有堆积的风险，人的压力感就会骤增，这会促使我们尽快行动起来。如果无法增加工作量，也可以尝试在日程表上给一些同为低难度的任务设定略微紧张的时限，时刻提醒自己要在规定的时间内完成。

当我们专注于应对任务的挑战时，就会发现因动机减弱导致的负面情绪在不知不觉间消失了。

2. 在难度较高的情况下，先放松，再压缩

在遇到过于困难、压力过大的任务时，有的人会产生负面情绪，这通常有两种表现：一种是动机过强，因为急切地想完成工作，反而期望过高，导致过分的焦虑；另一种是动机过弱，认为自己无能为力，进而拖延或逃避。这两种情绪都会使我们无法迅速进入工作状态。

此时应该先让绷紧的弦放松下来，让自己停下来休息，或者去做一些能够舒缓心情的事情，把工作压缩到更短的时间内完成。

表面上看，压缩时间后人会更紧张，但实际上我们的工作状态会被心态所影响，心态调整好后，突然发现时间不多了，人往往能够放下完美主义而一头扎进工作中，以"先完成"为目标，在行动中迅速找到解决问题的关键和方法。

总而言之，要最大限度地避免因动机过强或过弱而产生负面情绪，就要尽量让自己保持适度的压力。

当你感觉没有工作动力时，不妨给自己制造一点儿压力，逼迫自己完成更多的任务。如果感觉被工作压得喘不过气，不妨把工作放在一边，让自己先放松一下。

5.4 停止自我怀疑：找回掌控感，工作与生活更自信

如果你经常出现如下情况，表明自我怀疑的情绪或多或少地困扰着你。

很难接受表扬。经常因为别人表扬你而感到焦虑或羞愧，回避那些你可能被表扬的场景。这可能表明你不够看重自己，长期怀疑自己。

很难自我表扬。难以表扬自己，与很难接受他人的表扬同样具有负面效应。懂得自我激励，告诉自己工作做得好，才是推动一个人行动的内在动力。

过度寻求认同。当感到生气或者难以做决定的时候，你习惯性地寻求认同。这也表明你怀疑自己的能力，于是自然而然会产生焦虑情绪。

情感依赖。一个人如果在情感上依赖他人，必然会容

易受他人影响而缺乏行动力，明明可以自己完成的事情，也会期待找一个比自己更强的人去依靠。

长期陷于自我怀疑和其他习惯一样会变得根深蒂固，这让一些人容易在失败之后形成习得性无助，逐渐失去对自身的掌控感，情绪也会更容易失控。但幸运的是，一旦你找到一些对你而言有效的方法，这种自我怀疑的情绪就会逐渐消除。

下面介绍 3 个有助于消除自我怀疑的小方法。

1. 质疑自身的想法

自我怀疑不是性格特征，它仅仅是一种思维模式，所以我们可以通过改变思维模式来消除自我怀疑。

当一件事情出错，自责的情绪油然而生时，我们可以主动"质疑"自己，告诉自己：这仅仅是我的想法，并不意味着它是正确的。如果出错的原因在自己，我可以想想下一次有没有更好的方法；如果出错原因不在自己，那么我就不用过于沮丧。

2. 重构你的想法

"重构想法"与第一种方法是同样的原理，都是在借助新的思维模式帮助我们产生更多实际的、有用的想法，排除过分负面和无用的想法。

比如，当我们遇到困难时，内心可能会产生自我怀疑：看来我的能力还是不行。这么一想，情绪就开始变得糟糕了。这个时候，应试着去重构这个想法，让它变得不那么消极，而是更加实际，比如我现在遇到了问题，解决它对我来说很重要，我只要想办法做到最好就已经是一种进步了。

当这种认知重构变成习惯，我们就能够慢慢地训练大脑，让自发的负面自我对话变得更加实际、有用，从而让坏情绪转变为有用的动力。

3. 写自我感恩日记

在日常生活中，有一个小习惯能够帮我们避免自我怀疑并且增强自信——写自我感恩日记，也就是每天花上几分钟，写下一件或两件与你相关、让你自我感恩的事情。

不要小看这个小习惯，很多人可能意识不到，表扬自己、为自己庆功也是一项需要学习的技能。一天结束的时候，打开你手机上的笔记软件，创建一份新的笔记，叫作"自我感恩"，在最上面写上日期，列出一件或两件你为自己感到自豪的事情。不一定要记录很大的事情，你甚至可以因为打扫卫生而感到自豪。

这样做的目的是让你逐渐习惯为自己感到骄傲，然后你会发现要消除自我怀疑变得容易了。

5.5　同伴影响法则：接近人际关系中的正能量

心理学家很早就通过研究发现，人的行为在很大程度上会受到自己同伴的影响。当人们发现某一行为在其同伴中流行，他们往往也会跟着做。心理学家把这种特定群体成员之间的相互影响称为"同伴影响"。

这个理论也适用于人们情绪之间的相互影响。很多人会发现，如果自己经常和情绪起伏较大或总是散播负能量的人在一起，久而久之，他们的情绪也会变得不太稳定。

所以，我们要尽可能与散播正能量的人保持关系，而对于充满负能量的人，可以与之保持一个合理的人际距离。

时间管理专家萧秋水曾经说过自己有一个朋友，他很有才华，但容易情绪激动，喜欢骂人，对于看不顺眼的人，更是骂得非常难听。旁人有时候看他骂人，虽然知道和自己没有关系，但也会觉得心头不悦。后来她不再关注这位朋友，因为她认为每个人精力有限，不应被他人的情绪所消耗，与负能量的人保持距离，不但自己的人际交往会有明显的改善，自己的时间管理也会更加精进。

大多数成年人能够在人际交往中保持基本稳定的情绪，不会给他人带来严重的影响，但从时间管理的角度而言，如果我们想成为一个优秀且高效率的人，与以下 3 种人建立人际关系会很有好处，他们是能给自己带来情绪正能量的人。

1. 做事效率高的人

如果我们仔细观察会发现，容易受情绪影响这一点在习惯拖延的人身上表现得更明显。虽然很多人都会拖延，但大部人拖延到最后一刻还是会去完成任务，而严重拖延的人会因为拖延出现强烈的自责情绪，伴随焦虑、抑郁等不良情绪，甚至需要专业人士给予帮助。

反之，做事效率高的人大多情绪比较稳定，为了更好地完成协作，他们会管理负面情绪，以免影响他人。

多接触这类人，我们不仅可以从他们身上学到许多自己不具备的高效工作技能，潜移默化间，我们还能培养类似的做事风格和习惯，即便我们在这个群体中并不突出，也已经超越了很多人。

2. 志同道合者

在工作和生活中，遇到志同道合的朋友和同事是难能可贵的。他们的人生态度会逐渐感染你，在你遇到困难时，这些人际关系也能给你及时的支持。所谓志同道合者，就是你们有相似的理念，有共同的目标，彼此都尊重对方的空间，并不会因为对方是好友而随意打扰，也不会用个人情绪绑架对方。

萧秋水也曾在书中写过，她与知识"网红"秋叶大叔是多年的好友和工作伙伴，但他们日常很少闲聊，也很少通电话。如果需要通电话，由于不确定对方手头有什么事，都会先发一条信息约定时间通话。

正因为是志同道合者，才不会因为理念上的冲突而花费时间精力去协调，相比能力强大却在理念上与自己南辕北辙的人，与前者的合作会更加愉悦、更加高效。

3. 重视平衡工作与生活的人

原腾讯副总裁吴军博士，是人工智能、自然语言处理和网络搜索方面的专家。他出版了 10 多本书，总销量超过 300 万套，在得到 App 上开设的专栏深受读者喜爱。

大家都认为，吴军博士的工作一定非常忙碌，无暇顾及工作以外的事情。可是正相反，生活中，他是一位很"有温度"的人。他兴趣广泛，喜欢旅游、音乐、羽毛球、歌剧、摄影、红酒、园艺等，甚至专门创作了一本名为《具体生活》的图书，讲述他的兴趣养成过程并鼓励读者做一个有趣味的人。另外，不管工作有多繁忙，他依然会每周花上两天时间去看望母亲。

我们都知道，不解决生活的后顾之忧，一个人就不可能长期保持情绪的稳定，也就很难好好地工作。如果身边有一位注重平衡工作与生活的朋友，不仅他们的温暖会感染我们，而且他们的生活状态也会时刻提醒我们负面情绪与生活失控并不是理所当然的，总有办法可以改变。

正如吴军博士所言，大部分人恐怕都不会比他更忙，他做得到，那么 99% 的人也应该做得到。

如果我们的人际关系中多是上述这样正能量的人，我们自己也会获得许多正能量，也能减少在日常社交中产生的情绪问题，这样也就扫除了时间管理的很多障碍。